백년기업 성장의 비결

현장에서 고군분투하며 버티고 성장한

백년기업 성장의 비결

문승렬 · 장제훈 지음

모아북스
MOABOOKS

| 머리말 |

장수기업을 찾아서

미국의 경영학자 톰 피터스의 저서 《초우량 기업의 조건》에 따르면 초우량기업 46개 중 25년이 지난 현재까지 생존한 기업은 6개에 불과하다. 〈포춘〉지 선정 글로벌 500대 기업의 평균수명은 40년에 불과하며, 일본과 유럽 기업은 이보다 더욱 짧은 13년에 그쳤다. 1900년에 상장한 회사 가운데 살아남은 회사는 미국의 GE 하나뿐이었다.

일본 〈니혼게이자이〉신문이 메이지유신 이후 100여 년 동안 일본 100대 기업에 등극한 업체의 평균수명을 조사한 결과 30년에 불과했다. 이처럼 기업의 생존연령은 믿기지 않을 정도로 짧으며, 생존 자체가 기업에는 큰 도전이다.

그렇다면 우리나라는 어떨까?

대한상공회의소 자료에 따르면 국내 유가증권시장에 상장된 기업의 평균 나이는 32.9세였다. 사람의 수명은 백세시대가 되어 시간이 갈수록 늘어나고 있는데, 기업의 수명은 시간이 갈수록 줄어들고 있는 것이다.

이러한 어려운 경제생태계에서 작지만 강한 장수기업이 주목받고 있다. 일본 강소기업들의 힘은 오래전부터 이어져 온 장인정신 '모노즈쿠리'에 있다. 독일은 '미텔슈탄트Mittelstand'가 중소기업을 뜻한다.

지금부터 시작해도 늦지 않은 희망

'유럽의 피터 드러커'라 불리는 독일의 경영학자 헤르만 지몬이 저술한 세계적인 명저 《히든 챔피언Hidden Champions》에는 해당 업종에서 세계 시장점유율을 50% 이상을 10년간 유지한 경쟁력 있는 중소기업들의 공통점으로 "끈기 있게 접근하는 태도"를 꼽았다. 그러나 우리나라는 일본의 '잃어버린 20년'의 발자취를 그대로 따라가고 있다. 높은 가계부채, 고령화와 저출산으로 인한 소비침체 등 원인도 비슷하다. 장기적 경기불황 속에서 한국기업들은 바람 앞 등불과 같이 작은 위기에도 힘없이 쓰러진다. 기업 10곳 중 8곳은 창업 5년 내에 문을 닫는 게 현실이다.

너무도 닮았기에 일본은 한국에게 좋은 설례가 된다. 한 예로 '이승학 돈까스'는 1999년 부산 남포동에서 설립된 이후 부산의 대표적인 프랜차이즈로 성장했다. 서울을 비롯해 주요 도시에서 프랜차이즈 제안을 수없이 해왔지만 지역명물로 남고 싶다며 모두 거절했다. 결과는 '대박'이었다. 부산에 가야만 맛볼 수 있다는 희소성이 오히려 고객의 마음을 흔들었다. 대전의 성심당, 군산의 이성당 빵집도 같은 전략으로 큰 성공을 거뒀다. 이 기업들은 창업을 꿈꾸는 이들에게 살아남는 기업의 조건을 일러준다.

세상과 소통하는 우리 모두의 이야기

그동안 우리나라에서 오래된 가게는 시대 적응을 못한 낡은 것이고 혁신과 변화의 대상으로 여겨졌다. 할아버지가 했던 가게는 아들 손자 세대에서는 없어지는 것이 일반적이었다. 그러나 전 세계는 최첨단으로 가면 갈수록 과거로의 회구성에 주목하고 있다. 그래서 장수기업의 전통이 브랜드로 승화되어 소비자들의 브랜드 충성도에 큰 영향을 미친다.

사람과 마찬가지로 브랜드도 수명이 있다. 그러나 불멸의 브랜드도 있다. 불멸의 브랜드는 헤리티지heritage 역사적인 전통가 있는 브랜드를 말한다. 위대한 브랜드는 헤리티지를 소중히 여긴다. 브랜드 파워의 근간이 되기 때문이다. 수많은 풍파를 극복하고 정상에 선 기업들이 그 힘을 입증하고 있다.

헤리티지는 세대를 걸쳐 천천히 형성된다. 전통은 제품을 팔기만 하는 것이 아니라 제품에 담겨진 있는 소울Soul, 영혼을 소비자에게 전하는 데서 생긴다. 브랜드에는 자신만이 가지고 있는 감성과 스토리가 있다. 그래서 소비자들은 전통 있는 브랜드를 구매할 때 단순한 제품이 아니라 브랜드의 스토리와 역사를 구매하는 것이다.

시간이 지나도 변하지 않는 품질, 장인정신, 전통이 있는 브랜드는 그 자체가 최고의 경쟁력이다. 이것이 바로 헤리티지의 힘이다. 헤리티지 브랜드를 가지고 있는 기업을 대표하는 것은 바로 '장수기업' 이다.

이 장수기업의 핵심요소는 시간이 경과해도 변하지 않는 전통, 변화 속에 성장을 추구하고 소비자들의 기대에 부응하는 신뢰, 그리고 유연성 있는 변화다. 이러한 브랜드가 살아있는 기업이 바로 장수기업이 되는 것이다.

전통 있는 국내 토종 빵집들에서 장수기업의 미래를 보다

대한민국에 있는 570만 개 정도의 골목 가게의 미래는 그다지 희망적이지 않다. 3년 후 폐업률이 80%에 이르는 요즘, 본 저자들은 그 희망을 찾는 대안이 바로 장수기업이라고 보고 있다.

100년을 넘어 생존하는 장수기업이 우리나라에도 있을까?
장수기업은 어떻게 탄생하는가?
그들 기업에는 특별한 것이 무엇인가?
대를 이어 가는 가게기업는 어떻게 성장하는가?
장수기업들이 우리에게 주는 가치는 무엇인가?

이 책은 이러한 고민 속에서 출발하였다. 프랜차이즈 시스템에 입맛이 식상해진 사람들이 다시 추억의 맛을 찾으면서 그 진가를 발휘한 장수기업들, 50년 이상 되는 국내 빵집들을 살펴보면서 다음과 같은 점들에 중점을 두었다.

첫째, 대한민국을 대표하는 장수기업들이 시대 변화에도 살아남기 위해 어떻게 대응해 왔는지 성공 경영전략을 살펴보고자 했다.

둘째, 대표상품, 생산, 유통, 서비스, 포장과 배송에 이르기까지 노하우와 마케팅 전략을 살펴보았다.

셋째, 기업문화, 인재 육성, 비전, 후계자 양성 등 운영 시스템을 살펴보았다.

넷째, 장수기업들의 중심인 '사람'의 이야기를 들어보았다. 최고의 품질을 위한 노력들, 직원 모두가 주인공인 가족 같은 사람들, 전통을 이어가는 성실함을 고스란히 담은 그들의 가족사, 인생 스토리 등을 통해 인재 육성 전략의 해법을 찾아보았다.

다섯째, 각 빵가게의 벤치마킹 전략을 통해 우리의 미래를 찾아보았다.

성공한 토종 빵집 이면의 진짜 마케팅 스토리

필자는 각종 매체나 SNS에서 성공한 모습만 부각시키고 그 이면에 감추어진 생생한 이야기는 다루어지지 못한 데서 아쉬움을 느꼈다. 그래서 성공한 장수기업인 대표적인 빵집들을 샅샅이 누비며 살펴본 현장의 느낌과 목소리를 마케팅과 접목시켜 소개하고 싶었고, 그들의 성공 스토리를 대한민국의 새로운 희망 스토리로 보다 많은 사람들에게 알리기 위해 이 책을 쓰게 되었다.

"실패한 사람은 과거가 화려할수록 비참하고 성공한 사람은 과거가 비참할수록 빛이 난다."고 한다. 지금 하고 있는 일이 잘 풀리지 않는 모든 사람에게 장수기업 빵집 이야기를 들려주고 싶다. 이 책을 쓰는 4년 내내 필자는 빵집 이야기를 쓰는 것이 아니라 스토리 있는 문화 이야기를 쓰고 있다는 생각에 행복하고 즐거웠다.

장수기업에는 동네 구멍가게부터 대기업에 이르기까지 업종을 초월한 공감할 수 있는 소통 메시지가 있다. 단지 물건을 많이 파는 이야기보다는 그 안에 내재한 100년의 이야기를 실타래처럼 풀어보았다. 그 중에서도 특히 이들 장수 빵집들이 고객들과 소통하는 마케팅을 중심으로 전개하였다. 그들은 마케팅의 기본 역할을 매일 구현하고 있었다.

그동안 우리나라는 장수기업이 적었지만 대한민국이 선진화되면서 장수기업은 더욱 늘어날 것으로 보인다. 때문에 이러한 장수기업들의 이야기는 창업을 앞두거나 가게를 운영하는 사람들에게 귀중한 지침서가 될 것이다.

장사라는 것은 소위 '폼 나는 일'은 아닐지도 모른다. 그러나 대를 이어 전통을 지키는 장수기업, 일류기업도 아니고 브랜드를 갖춘 대기업도 아닌 빵을 만드는 작은 기업 이야기는 많은 사람들의 마음을 흔들어 놓기에 충분하다. 한 자리에서 묵묵히 빵 하나로 50년 이상을 지켜온 끝에 신화로 자리 잡은 그들의 이야기는 대기업에서 동네 구멍가게에 이르기까지 모두가 공감할 수 있는 희망의 메시지가 된다.

탄탄한 장수기업 체계를 갖춘 대표적인 토종 빵가게들. 명실상부한 장수기업의 면모를 갖춘 이들의 성장 이야기는 정말 흥미로웠다. 창업을 해서 누구나 성공할 수는 없지만, 누구나 마음만 먹으면 행복해질 수 있다. 선택은 온전히 독자의 몫일 것이다.

문승렬·장제훈 씀

3장 지금 왜 장수기업인가

4장 대한민국 대표 빵집을 통해 본 장수기업 모델

5장 전 세계 장수기업의 성공 비결

차례

1장

장수기업의 특별한 성공 노하우

왜 우리나라에는 장수기업이 적은가

우리나라 많은 기업의 평균 수명은 10.4년이라고 한다. 사회가 급변하기 때문에 10년 만에 많은 기업이 생기고 없어진다.

이러한 세상에서도 100년 이상을 꿋꿋하게 건재하고 있는 가게들이 있다. 이른바 장수기업이다. 이들은 할아버지, 아버지, 아들 그리고 손자를 걸쳐 전통과 신용이 고스란히 배어 있는 가업을 이어가는 곳이다.

일반적으로 '장수기업Long-lived company' 은 창업한 지 100년 이상 된 기업이나 가게를 말한다. 유럽에는 100년을 훌쩍 넘어 명품을 만드는 기업들이 있고, 일본에는 100년 이상 된 장수기업이 2만 개로 추정된다.

우리나라는 어떨까? 우리나라에는 100년 이상 된 장수기업이 단 9곳 밖에 없다.

그중 하나는 122년 전인 1896년 종로4가 배오개서 창업한 '박승직 상점'이다. 경기 광주 출신 보수상이었던 고故 박승직 두산그룹 창업주는 면포점을 주로 취급하는 근대식 상점을 열었다. 두산은 곡물을 측정하는 '두斗'와 '산山'이 합쳐져서 한 말 한 말 쌓아올려 큰 산을 이룬다는 뜻을 가지고 있다. 즉 한 사람 한 사람이 노력이 합쳐져서 큰 목표를 이룬다는 믿음을 표현하였다.

다른 한 기업은 1897년에 창립된 제약회사로, 가스활명수, 부채표 브랜드로 유명한 동화약품이다. '동화'는 '두 사람이 마음을 합하면 그 예민함이 쇠도 자를 수 있다. 나라가 화평하고 해마다 풍년이 들면 나라가 부강해지고 국민이 평안해진다.'라는 뜻이라고 한다.

100년 넘은 기업, 일본은 2만 개 vs. 한국은 9곳?

시대별로 보면 1955년 당시 10대 기업은 1위를 차지한 삼양사를 포함해 3개 회사가 '삼백산업제분 · 제당 · 면방직 산업'이다. 이 숫자는 1965년 금성방직 · 대한방직 · 삼양사 · 제일제당 · 동명목재 5개로 늘었다. 그러나 1970년대 정부가 철강 · 비철금속 · 조선 · 전자 · 화학 · 기계 등으로 산업 전환을 추진하면서 삼호무역 · 동명목재 등 산업화 초창기에 생긴 많은 유력 기업이 쓰러져 갔다.

기업 소멸률 역시 한국이 12.6%로 가장 높다. 유럽 5개국의 2010년 기업 소멸률은 프랑스가 6.9%로 가장 낮고, 영국 11.8%로 가장 높다. 기업의 5년 생존율도 한국이 가장 낮다. 전체 기업 중 5년 이상 생존하는 기업 비율은 한국이 30.2%였고 독일(39.8%)·영국(41.0%)·스페인(45.7%)·이탈리아(49.9%)·프랑스(51.4%) 순이다. 유럽 주요 5개국과 비교할 때 국내 기업의 시장 진입과 퇴출이 잦은 셈이다. 반면 유럽 등 선진국에는 100년 넘은 기업은 물론이고 무려 200년 넘은 기업들도 존재한다. 한국에서는 찾아볼 수 없는 창업 200년이 넘은 장수기업은 57개국에 7,212개사가 있다. 일본이 전체의 43.2%인 3,113개사로 가장 많고, 독일(1,563개)·프랑스(331개)가 뒤를 잇는다. 전 세계적으로 1000년 이상의 역사를 자랑하는 기업도 8개나 된다.

그렇다면 왜 우리나라에는 장수기업이 이토록 적을까?

가장 큰 이유는 산업화의 역사가 짧기 때문이다. 제대로 된 기업활동이 힘들었던 일제강점기를 제외하고 한국전쟁 이후를 출발점으로 보면 우리나라의 산업화 역사는 60년 정도로, 해외 주요국보다 훨씬 짧다.

더구나 한국은 짧은 역사 안에서 압축 성장을 했다. 경제발전을 이끈 국가의 주요 성장산업 역시 빠르게 바뀌었다. 경공업 →중공업 →

전자산업 → IT 등으로 산업 패러다임이 급격히 변하면서 변신에 실패한 많은 기업이 자연스레 도태돼 역사 속으로 사라졌다.

기업 역사가 짧은 이유는 구체적으로는 다음 3가지를 찾을 수 있다.

첫째, 6·25전쟁을 겪었다.

일제강점기를 걸쳐 해방을 하자마자 6·25전쟁 반발로 전국이 초토화되어 그나마 남은 가게들이 송두리째 없어지는 불운을 겪었다.

둘째, 작은 것보다 큰 것을 선호했다.

어렵게 살다가 이제 살 만하니까 작고 오래된 것의 가치를 등한시했다. 소형차보다 중대형차, 적은 평수보다 큰 평수 아파트를 선호했다. 작은 가게를 대기업으로 확대하는 전략을 구사하였다.

셋째, 상업을 천시하는 유교적 사회문화가 깔려 있었다.

'개같이 벌어서 정승같이 쓰자', '내 자식만큼은 블루칼라 직업보다는 의사나 판사 같은 전문직이나 화이트칼라 직업을 가지게 하자'는 것이 부모들의 의지였다. 그래서 우수 인재의 진입을 막았고 대를 잇는 전통을 끊어지게 만들었다.

다행히 최근(2018.6.18.) 중소벤처기업부는 대를 이어가며 100년의
전통을 자랑할 소상공인을 키울 '100년 가게 육성방안'을 발표했다.

|장수기업 성장의 요인은 무엇?| ─────────────────

국내 명문 장수기업의 특징은 무엇일까?

2016년 중소기업청이 명문 장수기업 확인 제도를 도입한 이후 처음으로 6개 사가
'명문 장수기업 1호'에 선정됐다. 코맥스, 삼우금속공업, 동아연필, 매일식품, 피엔풍
년, 광신기계공업이 바로 그 주인공들이다.

이 기업들이 단지 오래 살아남았다는 이유로 선정된 것은 아니다. 실적은 물론이고
기업문화나 사원 복지, 노사관계와 사회적 공헌 등 종합적인 평판 조사를 거쳐 지속
성장이 가능한 모범 기업으로 평가받았다. 외형과 내실에서 모두 100년 장수를 향한
가능성이 높은 것이다.

그렇다면 명문 장수기업들의 특징은 무엇일까?

이들 기업의 업력은 평균 56년, 매출액은 612억 원으로 일반 중소기업들보다 14배
많다. 특히 R&D 투자 비중이 매출액 대비 2.5%로 일반 중소기업들보다 2배 가량 높
다. 6개사 모두 2세가 가업을 물려받아 경영하고 있거나 승계 예정이다. 원활한 가업
승계가 장수기업으로서의 성공 요인인 셈이다. 이들 기업들은 원활한 노사관계는 물
론 지역과 상생 등 사회적 책임경영에도 충실한 것으로 조사됐다.

결국 끊임없는 연구개발로 제품 차별화를 통해 회사를 성장시키고 안정적 경영 구도

를 만들고 회사에서 발생한 성과는 반드시 직원과 지역사회와 공유할 때만이 장수할 수 있는 셈이다.

명문 장수기업 가운데 매출액이 1,146억 원으로 가장 많은 코맥스는 '기업은 정직해야 더 강하다' 라는 경영철학 아래 우리나라에서 인터폰을 처음으로 만들어 현재 전 세계120개국에 수출 중이다. 끊임없는 기술개발을 통한 제품 차별화가 장수기업을 이끈 비결로 꼽힌다. 올해 47살이 된 삼우금속공업은 '사람이 자산' 이란 경영철학을 내걸고 표면처리도금 등 뿌리기술 전문기업으로 성장했다. 이 기업은 경영 성과에 따라 정기상여금 600% 외에 매년 월 급여의 최대 350%까지 성과급을 지급한다. 역시 사람에 대한 투자를 실행에 옮기고 있는 것이다.

이들 기업은 생산제품에 명문 장수기업 마크를 사용할 수 있고 영문확인서도 발급돼 국내 및 해외 수출마케팅에 활용된다. 중소기업청 관계자는 "국가가 인정한 '명문 장수기업' 이 100년 이상 지속적인 기업경영의 바람직한 롤 모델로 자리매김할 수 있도록 지원할 것" 이라며 "하반기에는 중견기업까지 선정 대상을 확대할 계획" 이라고 말했다.

장수기업의 특별한 생존과
성공 법칙은 무엇인가

　"현존하는 기업 40%가 10년 이내에 사라질 것이다."

　존 체임버스 시스코 시스템스 회장의 말이다. 《100년 기업의 조건》에 의하면 세계 기업들의 평균수명은 단 13년으로, 30년이 지나면 80%의 기업이 사라진다고 했다.

　경영학의 대가 피터 드러커의 저서 《21세기 지식경영》에서는 기업들에게 혁신의 필요성을 강조하면서 "현재 1등 기업이라도 30년 후 살아남을 것이라고 장담할 수는 없다. 적어도 오늘날의 모습으로는 살아남을 수 없을 것이다."라고 단언했다.

　이제까지 경영 화두가 '성장의 속도'에 무게중심을 두었다면 이제는 '지속 가능한 성장'에 무게중심을 옮기어야 할 때가 되었다.

　기업에 있어 성장은 산소와 같은 존재다. 성장이 뒷받침되지 않으면 조직은 타성에 젖고 무력감에 빠지기 쉽기 때문이다. 이제는 많은 기업들이 기업의 활력을 유지하기 위해 필수적인 신新성장엔진 확보 전략에 중점을 두고 있다.

기업이 장수하려면 무엇이 필요한가?

일반적으로 장수기업은 창업한 지 100년 이상 된 기업이나 가게를 말한다.

1878년 설립된 이후 130년 가까이 세계 최고의 지위를 누리고 있는 기업이 바로 GE다. 1900년에 상장한 회사 가운데 살아남은 회사는 미국의 GE 하나뿐이었다.

카메라가 처음 등장하고부터 디지털 카메라가 보편화되기 이전까지 한 세기에 걸쳐 코닥은 카메라의 대명사였다. 1917년 창간한 〈포브스〉지가 창간 70주년을 맞아 1987년 미국 주요 기업들의 변화를 다루었을 때, 70년 동안 시가총액의 평균 성장률이 시장의 평균 성장률을 상회한 기업은 GE와 코닥 단 두 기업뿐이었다. 그러나 코닥은 2012년 1월 파산했다. 이처럼 기업의 생존 연령은 믿기지 않을 정도로 짧으며, 생존 자체가 기업에는 큰 도전이다.

톰 피터스의 《초우량 기업의 조건》에 의하면 초우량 기업은 '평범한 사람들의 비범한 결과'를 보여주어 효율적인 경영으로 그 힘을 이끌어내는 데 성공한다. 그러나 이런 초우량 기업도 영원할 수 없었다. 1980년대에 출간된 이 책에서 세계 초우량 기업으로 소개된 기업 46개 중 현재 생존하고 있는 기업은 6개에 불과하고, 1955년 포춘지 500대 기업에 들었던 미국 기업들 중에 1994년까지 생존한 기업은 160개 정도였다(한국경제연구원, 2010).

아리 드 호이스Arie De Geus의 《살아있는 기업The Living Company》에 의하면 "기업들이 사라진 이유는 경영자들이 재화와 용역을 생산하는 경제활동에만 초점을 맞추기 때문이며 자신들이 속한 조직의 진정한 본질이 인간 공동체의 속성을 지니고 있다는 점을 간과한 데에서 비롯되는 것"이라고 한다.

기업도 인간도 장수를 염원한다. 분명히 세상에는 오랜 기간 살아남아 번영을 누리고 있는 상당수의 장수 기업들이 존재한다. 스웨덴의 '스토라' 사는 700년, 일본의 스미토모 그룹은 300년 이상 살아남아 번영하고 있는 기업들이다.

장수 기업들이 보유한 '회춘'의 비결은 무엇일까? 무엇보다도 탁월한 변신 능력을 들 수 있겠다. 기업의 활력이 떨어져 수명이 다하기 전에 새로운 성장엔진을 끊임없이 바꿔 달고 있다는 말이다.

우리나라의 장수기업들은?

대한민국에서 기업의 평균수명은 약 15년이며, 창업 후 30년 이내에 기업의 80%가 사라진다(한국경제연구원, 2010).

지속 가능한 경영을 이뤄낸 기업들은 우리나라에는 그리 많지 않다. 삼성1938년 삼성상회, SK1939년 선경직물, LG1947년 락희화학공업, 한화1952년 한국화약, 그 밖에 섬유 업체인 경방, 조선일보, 동아일보, 메리츠화재구 조선화재, 삼양사구 삼수사, 하이트진로조선맥주 등은 곧 100년을 앞두고 있는 90년 이상의 장수기업이라 할 수 있다.

중소기업청의 자료에 의하면 국내의 100년 장수기업은 9개 정도이다. 두산122년, 1896년 박승직상점, 동화약품121년, 1897년 동화약방, 신한은행121년, 1897년 한성은행, 우리은행119년, 1899년 대한천일은행, 몽고식품113년, 1905년, 광장107년, 1911년 광장주식회사, 보진재107년, 1911년 광장주식회사, 성창기업지주102년, 1916년 성창상점, KR모터스101년, 1917년 대전피혁공업이다.

2018년 5월 중소기업 벤처부에서는 대한민국을 대표하는 명문 장수기업을 발표하였다. 국내 최초最初이자 최대最大 규모의 전광판 전문기업인 삼익전자공업(주), 발전설비·해양플랜트용 특수볼트로 세계시장을 누비는 뿌리기술 전문기업 (주)화신볼트산업, 1970년대 이후 '쥬단학 아줌마'의 명성을 기술혁신을 통해 이어가고 있는 (주)한국화장품제조, 독립운동가 우석 김기오 선생의 창업정신을 이어받아 4대째 좋은 교과서 발행에 매진하고 있는 ㈜미래엔 등이 이에 속한다.

해당 업종에서 45년 이상 사업을 유지하면서^{장수}, 안정적인 일자리 창출과 성실한 조세 납부 등 경제적 기여는 물론 법규 준수나 사회공헌 등 사회적 기여 측면에서도 높은 평가를 받아야만^{명문} 지정이 가능하다. 2017년에 처음으로 (주)코맥스, 동아연필(주), 매일식품(주), (주)피엔풍년, 광신기계공업(주), 삼우금속공업(주) 6개 기업이 선정된 바 있다.

2016년 통계청 자료에 따르면 우리나라 58만 5천 개의 기업 중에서 30년 이상의 역사를 가진 기업은 불과 2%이다. 50년 이상 된 기업은 0.2%, 10년 미만인 기업이 전체의 70%, 그 중에 32.8%는 3년 미만의 기업이다. 내일을 대비하지 않는 기업은 현재 성공의 규모가 아무리 거창하더라도 수년 내 사라진다는 것이다.

오래 살아남으려면 혁신해야 한다

시간이 갈수록 기업 생존율이 떨어지고 있다.

통계청 '기업생멸企業生滅 행정통계 결과'에 의하면 2015년 기준으로 신생기업의 1년 생존율은 62.7%로 집계됐다2017.12.14. 동아일보.이는 2014년 창업한 전체 기업 가운데 2015년에도 영업 활동을 이어가고 있는 기업의 비율로, 10곳 중 6곳 정도의 기업이 살아남았다는 뜻이다. 신생기업의 생존율은 시간이 갈수록 낮아져 5년 생존율은 27.5%에 불과했다.

세계적인 컨설팅회사인 맥킨지 보고서에 의하면 최근 국내기업의 평균수명은 15년으로 기하급수적으로 줄어들고 있다. 1935년 기업의 평균수명은 90년이었다. 이 수명이 1975년 30년, 2015년에는 15년으로 감소되었다.

한 가지 주의해야 할 사실은 역사가 깊다는 이유만으로 반드시 존경의 대상이 될 수는 없다는 점이다. 장수기업이 진정으로 의미를 갖기 위해서는 단순히 오래 살아남는 것을 넘어 다른 기업들이 오래도록 부러워하는 탁월한 성과와 사회적 신뢰를 유지할 수 있어야 한다.

사업 초창기의 생명력은 영원히 지속되는 것이 아니다. 일본〈니케이비즈니스〉의 발행인 사카이 고이치로시는 "일본 기업은 30년이 한 사이클"이라고 말한 바 있다. 30년쯤 지나면 도약이냐 추락이냐를 결정짓는 중요한 분수령이 찾아오게 마련이라는 뜻이다.

생존의 필수 조건은 변화 그리고 변신이다. 기업은 지역사회와 국가에 이익이 흘러가고 사람들에게 일자리를 제공하는 역할을 하기 때문에 그 영향은 매우 크다. 빠르게 변화하는 세상과 소비자의 니즈를 파악하고, 경쟁 사회에서 도태되지 않고 살아남아야 하는 것은 사람이나 기업이나 마찬가지일 것이다.

|장수기업 성장의 요인은 무엇?|

전 세계 장수기업 이모저모

1440년 된 세계 최고 장수기업인 일본의 콘고구미는 578년 일본에서 설립되어 지금까지 생존한 장수기업이다. 1955년 개인기업에서 주식회사로 변경되어 37대 콘고 지이치金剛治—가 사망한 후 미망인 콘고 요시에金剛よしえ가 중심이 되어 시텐노지를 이전의 모습으로 완벽하게 재건하였다. 미망인 곤고 요시에가 바로 콘고구미의 38대 당주이며, 최초의 여성 도편수이다. 남성중심사회에서 여성이라도 능력이 있으면 당주를 맡기는 기업정신은 장수 기업이 되게 한 요인임을 알 수 있다.

유럽에서 현존하는 가장 오래된 기업으로는 1288년 스웨덴 광산 운영에서 시작된 '스토라'를 꼽는다. 스토라는 구리제품 생산에서 출발해 1894년에는 화학산업, 1898년에는 엔소Enso와 합병했다. 스토라 엔소는 현재 세계 10대 제지기업이다.

프랑스의 경우 서기 1000년 전후에 시작된 와인 제조회사 '샤토 드 굴랭', 독일은 1304년에 시작한 호텔기업 '필그림하우스', 영국에는 1541년 세워진 모직물회사

'존 브룩' , 네덜란드에는 1554년 설립된 비누 제조사 '데베르굴데한트' , 독일에선 제약회사 바이엘(104년), 화학제품 메이커 바스프(138년)가 유명하다. 영국의 홍콩상하이은행(138년), 그리고 중국에는 우황청심환으로 유명한 동인당약국이 1669년부터 현재까지 이어져 온다.

영국에서 가장 오래된 회사는 기네스북에도 올라가 있는 '파버샴 오이스터 피셔리 Faversham Oyster Fishery' 이다. 1189년부터 시작된 파버샴 오이스터 피셔리는 영국 남부에 위치한 작은 마을인 파버샴의 수산업 관련 기업이다. 이 기업은 파버샴 지역의 산업 발전뿐만 아니라 다른 동종 산업들이 직면했던 문제들을 보여주는 대표적인 예다.

창업시장의 변화 트렌드

　2015년 중소기업청에서 '998866' 이라는 용어를 소개했다. 대한민국 전체 기업 중 중소기업이 차지하는 비율이 99%이고, 전체 근로자의 88%가 중소기업에 근무하며, 대한민국 인구의 66%가 중소기업에 근무하는 직원들의 가족이란 의미이다.

　평균성장률이 7%였던 시절이 가고 외환보유액이 바닥을 보인 한국은 1997년 11월 21일 국제통화기금IMF에 530억 달러의 구제금융을 신청했다. 사상 초유의 국가부도 사태는 한 번도 경험하지 못한 '경제적 쓰나미' 로 우리 사회에 엄청난 충격을 안겼다. 개인은 파산하고 자영업자의 폐업은 넘치며 길거리에 노숙자가 넘쳐나고, 수많은 직장인이 일터를 떠나야 했다. 대우그룹 등 30대 그룹 중 63%가 매각되고, 제일은행 등 33곳의 시중은행이 16곳으로 통폐합됐다. 최근 한국개발연구원KDI의 대국민 인식조사에서 응답자의 57.4%가 당시 외환위기를 지난 50년간 가장 어려웠던 시기로 주목하였다.

그러나 아직도 경제의 체질이 개선되지 않았다는 평가가 있다. 7년째 2~3%대에 머문 경제성장률은 그 증거다. 우리 경제성장률은 2011년 이후 단 한 차례도 세계경제 평균성장률을 웃돈 적이 없다. IMF의 올해 세계경제 평균성장률 전망치는 3.4%이지만 우리는 3% 선에 겨우 턱걸이한다고 한다. 그만큼 경제 활력을 잃었다는 뜻이다.

우리나라 경제 트렌드를 주목하라

지금 대한민국은 투자 열풍으로 몸살을 겪고 있다. 주택 4,000조, 증시 2,000조, 가상화폐 1,000조 규모 시대에 살고 있다. 2018년 들어 부동산 규제에도 불구하고 강남발 집값 상승세가 서울 전역으로 번지고 있다. 한국은행의 2016년 말 전국 주택시가총액은 3,732조 원이다. 집값 상승과 신규 물량공급 등을 감안하면 3,900조 원을 넘었을 것으로 추정된다. 증시도 올해 2,000조 원 돌파 가능성이 크다. 바이오 열풍에 힘입어 코스닥이 900선에 다가선 덕분이다. 가상화폐 시장도 1,000조 원을 바라보게 됐다.

그 배경에는 시장에 풀린 유동성에 있다. 상당 기간 저금리로 풀린 천문학적인 돈은 생산적 투자로 가지 못하고 자산시장으로 몰려들었다. 2017년까지는 주로 강남 부동산과 삼성전자에 집중됐지만, 2018년 들어서는 비非강남 지역과 바이오주에 몰리고 있다. 가상화폐도 종류가 다양해지면서 대표주자인 비트코인의 비중이 줄어들고 있지만 확산 단계에 접어든 셈이다.

집값이 오르면서 더 오르기 전에 사려는 수요도 상당하다. 집값은 떨어지지 않고, 전세살이로는 평생 내집 갖기가 어렵다는 학습 효과도 작용하고 있다. 내재가치보다는 성장성에 초점이 맞추어져 코스닥 바이오주 투자도 '묻지마'에 가깝다. 매출이 채 10조 원이 안 되는 셀트리온이 매출만 100조 원에 육박하는 현대자동차를 시가총액으로 넘어섰다.

청년실업률이 9.9%를 육박하고 기성세대가 부동산과 주식에서 부를 축적하자 2030세대는 자신들은 더 이상 부동산과 주식에서 부를 축적할 수 없다는 판단에 가상화폐 시장에 뛰어들었다. 2018년 가상화폐는 자산시장의 최대 변수로 떠오르고 있다. 결국 정부가 은행계좌를 통한 거래를 용인하기로 하면서, 기존 금융시스템과의 연결고리가 유지되게 됐다. 최근에는 가상화폐에서 수십억 원을 번 이들이 강남 부동산시장을 기웃거리는 것으로 알려졌다.

불황 초입에 들어선 경제, 변화된 창업시장

자산가격이 급등하면서 노동의 상대가치는 추락하고 있다. 아파트 한 채 값이 1년 새 수억 원 오르고, 한두 달 새 바이오 주가가 배 이상 급등하는 상황에서 근로소득은 '쥐꼬리'로 전락했다. 더 이상 직장을 다닌다는 것은 의미가 없어지는 분위기다.

대한민국은 중국의 강추격을 받고 있고 소비시장은 불황 초입에 들어섰다고 해도 과언이 아니다. 청년실업률은 1999년 이후 18년 만에 최고 수준이다. 일자리가 구직자 100명당 152개에 이르는 일본과는 딴판이다. 〈세계일보〉가 최근 경제전문가 50명을 대상으로 설문조사를 했더니 "위기가 다시 올 수 있다"고 답한 사람이 30명에 이르렀다는 사실은 이런 우려를 반영한다.

최근 국세청은 국내 100개 생활업종에 속한 전국 사업체 수를 2017년과 3년 전인 2014년과 비교해 공개했다. '2017.11.29. 3년 100개 생활업종' 통계를 보면 100세 시대 건강관련 업종은 급증하였고 1인 가구가 늘면서 애완용품점이 80% 이상 상승한 반면, 금연 열풍에 담배가게는 20% 감소하였다. 고령화에 여행업이 늘고, 저출산에 산부인과와 예식장 매출이 줄어들어 창업시장의 변화를 보여주었다.

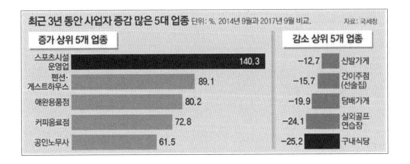

1위로 3년 사이 국내에서 가장 많이 늘어난 사업체는 스포츠 시설 운영업이다. 국세청은 "요가, 필라테스 열풍으로 관련 시설의 수가 급증했다"고 설명했다. 스포츠 외에도 취미생활과 관련해 사람들이 쉽게 지갑을 연 것으로 나타났다.

2위는 여행과 관련된 펜션·게스트하우스(89.1%)였다. 국내여행 활성화와 함께 기존 노후 숙박시설을 대체하는 효과도 작지 않다. 3위는 3년 전보다 그 수가 80.2% 늘어난 애완용품점이 차지했다. 동물병원(13.8%) 역시 두 자릿수 이상의 성장률을 나타냈다. 반려견에 대한 관심이 폭발적으로 증가한 것이 이 분야의 수요 증가로 연결됐다.

4위는 72.8% 늘어난 커피전문점이 차지했다. 2000년대 초반에 시작된 국내 커피전문점 열풍은 아직까지 열기가 식지 않았다. 2017년 9월 국내 커피전문점 수는 4만3,457곳으로 3년 전까지 사업체 수가 더 많았던 편의점(3만7,017곳), 패스트푸드점(3만4,421곳) 수를 넘어섰다. 5위는 공인노무사(61.5%), 피부관리업(6위·58.8%) 등도 3년 새 사업자 수가 많이 늘어난 업종으로 꼽혔다.

지금까지의 경제 체질을 확 바꿔라

반면 최근 3년 내에 사업체 수가 줄어든 쇠퇴 업종도 있다.

1위로 가장 많이 줄어든 것은 구내식당(-25.2%)이다. 3년 새 8,809곳이 사라졌다. 기업들이 비용 절감을 위해 기존에 운영하던 구내식당을 폐쇄했기 때문으로 풀이된다.

그 뒤를 이어 2위는 골프 산업이다. 실내스크린골프 매장(48.7%)이 최근 전국 거리를 점령하는 동안 실외골프연습장(-24.1%)들은 문을 닫았다. 실내연습장이 야외연습장의 대체재 역할을 한 셈이다.

3위 업종은 담배가게(-19.9%)였다. 최근 금연 분위기와 함께 담배를 판매하는 편의점 수가 늘어난 것이 감소 원인으로 꼽힌다.

4위인 간이주점(선술집-15.7%), 5위 신발가게(-12.7%), 6위 식료품가게(-12.3%)에서 볼 수 있듯 서민들이 운영하는 영세상점이 주로 대규모 마트나 할인매장 등장으로 사라지는 업종으로 나타났다.

최근 남녀노소를 휩쓴 자전거 타기 열풍에 자전거 판매점(12.1%)은 두 자릿수 증가를 보였지만 오토바이 판매점(-2.6%) 수는 줄었다.

남성들이 여성들이 가는 미용실(14.3%)에서 머리를 깎는 상황이 계속되면서 이발소(-6.5%) 감소 현상도 지속됐다.

병원 분야는 시대 흐름이 크게 반영됐다. 신경성 질환 증가에 따라 신경정신과(17.2%) 수는 늘었고, 저출산이 계속되면서 산부인과(-3.7%) 수가 줄었다. 산부인과는 진료과목 기준으로 13개 병의원 가운데 유일하게 3년 전보다 그 수가 감소했다. 예식장(-11.3%) 결혼상담소(-9.4%) 역시 독신자 증가 현상에 따라 부진을 면치 못했다.

이러한 시점에 평범한 자영업자들은 어떻게 해야 하는가? 또 기업들은 어떤 경쟁력으로 살아남아야 할 것인가?

나라 경제가 흔들리면 국민 개개인의 삶은 무너진다. 20년 전 위기를 다시 맞지 않으려면 지금까지 해왔던 자신의 경제 체질을 확 바꾸어야 한다. 신발끈을 고쳐 매지 않으면 국가적 재앙이 재발할 수 있음을 새겨두어야 한다.

성공학의 대가 데일 카네기는 "바람이 불지 않을 때 바람개비를 돌리는 방법은 앞으로 달려가는 것이다"고 말했다.

내 앞에 행운이 오지 않는다면 기다리지 말고 그것을 찾아 나서야 한다. 누구는 위기에서 기회를 찾고 누구는 기회에서 위기를 찾는 것처럼, 이 시점이 위기가 될 수 있지만 누구에게는 기회의 시작점이 될 것으로 확신한다.

|장수기업 성장의 요인은 무엇?|————————————————

일본의 경제현황을 타산지석 삼아야 한다

일본은 한국에 좋은 참고서가 된다. 일본의 잃어버린 20년. 불행한 이야기지만 한국이 그 발자취를 그대로 따라가고 있다. 1,500조에 달하는 높은 가계부채, 고령화와 저출산으로 인한 소비침체 등 원인도 비슷하다. 장기적 경기불황 속에서 한국기업들은 바람 앞 등불과 같이 작은 위기에도 힘없이 쓰러진다. 자영업자 10곳 중 8곳은 창업 5년 내에 문을 닫는 게 현실이다. 일본의 '잃어버린 20년' 과 같은 저성장 늪에 빠질 수 있다는 경고가 나온 지 오래다.

2차 세계대전 이후 1990년대 초반까지 경이적인 경제성장을 해오다가 20년 동안 활력을 잃은 일본 경제는 이제 회복세를 보이고 있다.

일본 불황의 원인을 알아보기 위해서는 1985년 플라자 협정까지 거슬러 올라가야 한다. 1985년 9월 22일 미국은 경상수지 적자 문제 해결을 위하여 미국의 뉴욕에서 G5 재무장관과 중앙은행 총재들은 미국의 달러 가치를 떨어트리기 위해 일본의 엔화 가치를 올리도록 결정하였다. 엔/달러가치가 1985년 달러당 260엔에서 1987년 123엔까지 상승했다. 수출경쟁력 악화를 우려한 일본 정부는 저금리 정책으로 엔화가치 상승을 억제하려고 하였다. 1986년 1월부터 1987년 2월까지 재할인금리를 매년 5%에서 2.5%로 낮추면서 엔화를 풀었다. 돈이 넘치자 개인과 기업들은 낮은 금리로 은행에서 대출을 받아 주식과 부동산을 매입하기 시작했다. 소니는 컬럼비아, 미쓰비시는 록펠러센터를 인수하는 등 미국의 부동산과 기업을 인수하는 시기가 이때였다. 닛케이지수가 1986년 1월 말 13,000에서 1989년 39,000으로 뛰었다. 1989년 상업용 땅값이 1985년 비해 4배 가까이 뛰었다. 통화 팽창으로 자산 버블이 이루어졌다.

1989년 5월 물가가 3% 급등하자 일본 정부는 부랴부랴 1989년 4월부터 1년 3개월까지 금리를 2.5%에서 6%로 두 배 이상 인상했다. 부동산 규제와 건설업체 금융 제재로 부동산과 주가는 폭락했다. 닛케이지수는 1989년 39,000에서 2001년 3월 다시 12,000 이하로 떨어졌고 부동산 가격은 1991년에서 1998년까지 80% 이하로 떨어졌다. 1억 원 가격의 부동산이 2천만 원이 되었다는 것이다. 1996년 부실채권 규모가 41조9천억 엔으로 1년 동안 2.4배가 증가했고 대출했던 금융기관은 파산하였고 실업률도 1991년 2.1%에서 2000년 말 4.7%로 증가했다.

버블이 증가하면서 불황이 찾아왔다. 불황을 타개하기 위하여 일본 정부는 1990년대에 10차례에 걸쳐 100조 엔 이상을 투입하였고 부실금융기관과 부실기업에 구제금융을 제공했으나, 불황은 치유되지 않았고 재정상태만 악화되고 20년 동안 경기만 악화되고 국가채무만 증가했다. 생산적인 것에 투자되지 않고 무작정 돈만 푸는 꼴이 되었다.

최근 일본이 다시 부활하고 있다. '아베 노믹스' 덕분이다. 닛케이 지수도 22,000대로 상승하였다.

장수기업의 마케팅 포지셔닝은 '감성' 이다

현대 기업들은 상황에 맞는 마케팅 TPO가 필요하다. TPO이란 시간Time, 장소Place, 상황Occasion에 맞게 적절하게 이루어져야 한다는 것이다.

백년의 장수기업은 성공 DNA을 적절하게 브랜드 포지셔닝화한 기업들이다. 포지셔닝Positioning이란 마케팅 전략의 일종으로 "시장에서 고객들의 마음에 위치잡기" 란 의미를 갖는다. 마케팅의 효율성을 높이고 소비자의 욕구를 충분히 충족하기 위해 필립 코틀러가 주장한 마케팅 전략 중 하나다.

예를 들어 100년 된 빵집 이성당이 선택한 마케팅 포지셔닝은 SRV 마케팅으로 함축할 수 있다. SRV 마케팅은 스토리 마케팅Story Marketing과 복고 마케팅Retro Marketing, 그리고 입소문 마케팅Viral Marketing이다.

'감정은 논리를 꿰뚫는다.' 는 말이 어울리는 곳이 바로 이성당이다. 군산의 조그마한 빵가게였던 이성당은 이야기가 있는 빵을 가지고 과거에 대한 추억을 불러일으키는 복고 트렌드와 맞물려 소비의 나침반인 SNS의 강력한 입소문의 힘으로 그 위상이 높아졌다.

미국의 펜실베이니아대 와튼스쿨의 마케팅 교수이자 마케팅학 최고권위자인 조나 버거는 "입소문은 제품의 장점은 물론 단점도 부각하기 때문에 설득력이 있다. 스토리가 있는 마케팅은 입소문을 더욱 강하게 한다."라고 말했다. 본격적으로 '감성 마케팅 시대' 가 도래한 것이다.

이제는 감성 마케팅의 시대이다

인지심리학자인 로저 섕크, 로버트 알벨슨은 "중요한 정보는 이야기 형태로 저장해야 오래 간다" 고 하였다. 드라마 '대장금' 에는 왕에게 올리는 음식에 깃든 스토리가 공감과 감동을 일으켰다. 소위 스토리텔링Storytelling이 있는 음식이었기에 외국에서도 큰 인기를 얻는 드라마가 되었다. 이런 스토리텔링은 향후 감성시장에서 중요한 요소가 될 것이다.

'쌀가루로 만든 건강하고 맛있는 빵' 인 단팥빵을 줄을 서서 기다리면서 빵을 구입하는 가게가 바로 장수기업이다. 서울에서 멀리 떨어진 군산, 전주, 목포, 대전, 부산에서 장수 빵집들이 보여준 의미 있고 놀라운 성과는 오랜 시간을 통해 만들어진 노력의 결실이다. 장수기업의 이런 야기들이 입소문을 타고 전국을 뒤흔들어 놓았다.

지금 마케팅에서 나올만한 상품은 다 나왔다. 뻔한 마케팅 방법으로는 더 이상 시장에서 소비자들의 사랑을 받기에는 어려움이 있다.

마케팅 전략의 하나인 마케팅 믹스Marketing Mix에서 중요한 4P 이론이 있다. 마케팅 시장에서 성공적인 상품이 되기 위해서 마케팅 네 요소인 제품 Production, 가격Price, 유통-Place, 촉진Promotion을 잘 믹스해야만 성공한 브랜드가 된다는 것이다.

장수기업들은 이런 마케팅 4P 이론을 철저히 반영한 결과다. 단팥빵과 야채빵 같은 맛있는 제품이 있고 품질에 비해 가격이 비싸지 않고, 한곳에서 오랫동안 장사를 이어온 스토리가 있는 곳이 바로 장수기업들이다. 필자들이 주목한 유명 빵집들은 기존 4P를 넘어서 훌륭한 직원들과 제빵사들까지 장인들이 합하여 이루어낸 결과물이었다. 즉 기존의 4P에다 사람People을 합한 '5P 마케팅 전략'이 성공했다고 할 수 있다.

빵가게를 백년기업으로
만드는 장인정신

　장인정신이란 서비스와 품질 면에서 고객의 인정을 받은 기업이나 사람에게 붙여주는 일종의 인증서다. 전주의 풍년제과 앞에서 사람들이 굳이 줄까지 서며 빵을 기다리는 것은 소비자들이 '장인이 만든 빵' 임을 인정한다는 뜻이다.

　필자들이 이 책에서 꼽은 토종 빵집들은 프랜차이즈 시스템에 입맛이 식상해진 사람들이 다시 추억의 맛을 더듬기 시작하면서부터 각광을 받았다. 필자들은 목포의 코롬방제과, 전주의 풍년제과, 대전의 성심당, 군산의 이성당, 순천의 화월당, 서울의 태극당, 부산의 백구당을 경험하였는데 이들 빵가게는 장수기업으로서의 조건은 다음과 같다.

빵가게를 장수기업으로 만든 4가지 조건

첫째, 첨가제를 넣지 않고 자연의 재료를 아끼지 않아 옛 맛 그대로를 유지한다.

군산 이성당의 대표적인 빵인 앙금빵과 야채빵, 순천 화월당의 팥이 들어간 하얀색 모찌와 볼카스테라, 서울 태극당의 단팥빵과 소보로, 모나카, 목포 코롬방 제과의 새우바게트와 크림치즈바게트, 전주 풍년제과의 수제 초코파이, 대전 성심당의 판타롱 부추빵과 튀김 소보로빵 등은 오랜 세월 동안 그 맛을 유지해온 대표제품들이다.

둘째, 전통을 지킨다.

이들 빵집은 그 흔한 광고도 안 한다. 한 자리에서 100년을 이은 빵 장사를 하였다. 고객들이 예전에 간식으로 먹던 빵을 이제 식사 대용으로 먹는 빵으로 인식하고 있다. 이성당과 성심당, 태극당에 빵을 사기 위해 길게 늘어선 사람들에게 물어보면 "꼭 한번 먹어봐야 하잖아요." 라고 대답한다. 그만큼 전통이 되었다는 뜻이다.

셋째, 지역사회와 공존한다.

군산 이성당은 빵집만 홀로 성장하기보다는 주변에서 풍부한 쌀을 구입하여 이를 쌀가루 빵의 재료로 활용하고, 주변 관광지와 서로 협력함으로써 시너지를 내고 있다. 성심당은 다른 제과점과 경쟁이 아닌 함께 가는 공유의 길을 택했다. 성심당은 2013년 12월 전국 최초로 케이크 전문점에서 케이크와 디저트 종류·음료를 판매하는 디저트 카페 '케이크 부띠끄'를 선보였다. 통상 빵집에서 케이크를 산다는 상식을 넘어 빵집에서는 빵, 케이크 매장에서는 케이크와 초콜릿을 판매하는 전문점으로 분리했다.

넷째, 가업을 이으려는 의지가 있다.

태극당은 2013년 93세를 일기로 작고한 고 신창근 창업주에 이어 그의 아들 신광열 사장이 1999년부터 2대 사장을 역임해오고 있다. 지금은 신 사장의 세 자녀도 태극당에서 일한다. 1남 2녀 중 막내이자 장남인 신경철 전무는 대학 졸업 후 2011년부터 태극당 운영을 맡고 있다. 두 누나인 신혜명 실장과 신혜종 대리도 다니던 직장을 관두고 태극당에 들어와 동생 일을 돕고 있다. 70년 역사의 태극당이 현재 창업주 아들과 그의 세 자녀로 운영된다는 사실은 그동안 잘 알려지지 않았다.

이성당의 김현주 사장 아들도 빵을 대하는 태도와 가게에 대한 애착이 특별하다. 아래층은 가게이지만 2층은 김현주 사장이 기거하는 가정집이다 보니 가게의 흐름과 고객의 반응을 누구보다 잘 파악하고 있다. 김현주 사장의 딸은 이미 가업을 승계 중이며 아들도 같은 일을 하는 것을 자랑스럽게 생각한다고 한다. 이미 100년 가게가 될 준비를 하고 있는 것이다.

| 장수기업 성장의 요인은 무엇?|

첨단 현대 기업도 이길 수 없는 전통의 힘

세계적으로 장수기업이 많은 나라는 일본, 독일, 네덜란드, 프랑스 순위다. 스페인 정육점 101년, 오스트리아 종 만드는 회사 414년, 프랑스의 종이 만드는 회사 688년, 일본의 주물회사 1,219년 등... 2011년 11월 KBS에 소개된 장수가게들이다. 세계 16개국 49개 가게를 대상으로 세기를 넘어 생존하고 있는 100년 이상 된 장수 가게들의 공통점은 무리한 확장을 경계하고 본업에 충실하는 고집이다.

이탈리아 남부 나폴리의 153년 된 우산 가게 '마리오 탈라리코'는 한 자리에서 세대를 넘어서 단 한 번도 이사 없이 그 흔한 광고도 하지 않는다. 5대 사장 마리오 탈라리코는 "광고를 하고 공장을 세워서 하면 더 많은 돈을 벌 수는 있지만 전통을 지킬 수가 없다."고 한다. 마리오 탈라리코는 세상에서 단 하나뿐인 우산이다. 그래서 비가 많이 오지 않는 나폴리에서도 꼭 소장하고 싶은 예술품이 되었다.

이탈리아 피자를 112년 만든 스타리타는 굳이 가격으로만 승부하지 않아도 되는 비가격 경쟁력을 가지게 되었다.

일본 녹차 나카무라 토키치는 교토에 자리잡은 나카무라 쇼고 6대 사장을 거쳐 154년의 역사가 있는 가게이다. 녹차 소바, 녹차 아이스크림, 녹차 젤리까지 다양한 제품을 선보이고 있는데 녹차 제품의 생명은 질 좋은 녹차에 있다. 지역에서 생산하는 질 좋은 녹차를 활용해서 좋은 녹차를 만들고 있다.

150년 째 일본 전통 과자를 만드는 노리코 교가가시 토미에이도 5대 사장은 이 가게를 지키는 힘은 비단 맛 뿐 아니라 오래된 단골고객의 응원이라고 한다. 이러한 노력이 교토 내 여러 장수기업이 존재하는 전통 백화점이 되어 버렸다.

장수기업이 많은 일본의 경우 가업을 잇는다는 자부심이 대단하다. 교토의 니시키 시장은 1615년 문을 연 시장으로 400년 이상 20대 사장을 배출한 일본의 장수기업이 밀집한 곳으로 유명하다. 가장 큰 특징은 사는 곳과 사업장이 같다는 것이다. 그래서 어려서부터 일에 대한 감각과 느낌을 가지고 있기 때문에 누구보다 이 일을 잘할 수 있다. 고객도 대를 이어 이 가게를 이용한다.

일본 최고 번화가 도쿄 긴자 거리에 있는 129년 역사의 초밥 명가 긴자 스시코 혼텐의 4대 사장 스기야마 마모루 사장의 초밥은 한 점에 평균 2,500엔, 한화로 약 3만 원의 높은 가격으로 팔리는데도 이를 찾는 고객이 많다.

아무리 많은 자본과 첨단화된 기술을 장착한 현대화 기업이 들어와도 이들 가게들의 전통과 노하우를 절대 이길 수 없을 것이다.

장수기업은 시간에서 온다

역사는 돈 주고 살 수가 없다. 단지 오래 됐다고 해서 모든 것이 가치 있는 것이 아니다. 장수가게는 시간의 가치를 가지고 있다.

우리나라 대표 빵집으로는 SPC를 꼽는다. 1948년 서울 방산시장 부근에서 상미당으로 출발하여 빵 공장 삼립식품으로 있다가 지금의 파리바게뜨 브랜드인 삼립식품과 샤니를 합쳐 SPC가 되었다. 그러나 이성당은 그보다 훨씬 이전인 1910년부터 한 장소에서 빵을 만들어 온 100년 된 빵집이다.

감동과 자부심으로 설립된 한국의 장수기업은 1847년 창업된 한약방 춘원당, 1850년 예산옹기, 1856년 창업되어 조선시대 금박연의 명백을 잇는 금박연, 1890년 창업한 장지방, 1904년 창업해 작은 방앗간에서 성장한 제희 미곡종합처리장, 1906년 창업한 이명래 고약집 2011년 6월 폐업, 장인의 손이 느껴지는 1910년 창업된 안성주물, 1916

년 창업된 종로양복점, 1924년 창업된 거창유기, 1925년 창업된 지평
막걸리, 맞춤칼을 만드는 1927년 창업된 한밭대장간, 품질로 인정받
는 1932년 창업된 신성금고제작소, 1936년 창업된 송림수제화 등 여
러 곳이 있다.

그 중에서 100년 이상 된 곳은 6곳에 불과하다. 일제강점기와 한국
전쟁으로 많은 오래된 가게들이 사라졌다. 1954년 창업된 경북 의성
에 우리나라 마지막 남은 성냥가게 성광성냥 등, 남아 있는 100년 가
게마저 없어질 위기에 처해있다.

이런 시점에서 1910년에 창업한 군산 이성당, 1928년 창업한 순천
화월당은 그 의미가 크다. 단순히 오래된 가게가 아닌 장수기업으로
서의 조건을 충분히 갖추었다.

장수기업의 생존비결

108년 역사의 로얄더치셸에서 기획조정실장으로 일하며 오래된
기업을 연구한 아리드 호이스는 《살아있는 기업 100년 기업》이라는
책에서 장수기업의 생존 비결을 다음과 같이 네 가지로 정리했다.

첫 번째, 장수기업은 시대의 변화에 따라 스스로를 계속 변화시켜 왔다.

1865년에 설립된 핀란드 노키아는 휴대폰 제조회사로 원래 고무장화, 비옷, 타이어, 케이블, 텔레비전, 전기 발전 등의 상품으로 진화하여 왔다. 이성당도 밀가루 빵에다 쌀가루를 입혀 베스트셀러 단팥빵를 만들어 성장하였다. 부산 백구당의 옥수수로 만든 크로이즌빵은 전설 그 자체다.

두 번째, 포용적인 문화를 조성했다.

특이한 생각을 가진 직원을 수용하고 실험적인 시도를 장려했다. 이성당은 직원들로 하여금 일정 자율권을 부여하여 단골고객에게 아낌없이 빵을 선사하는 '1+1' 마케팅 권한을 부여하여 새로운 원동력을 만들고 있다.

세 번째, 내부 결속이 강하다.

성심당은 전 매장의 교육은 반드시 대전 성심당 본사에서 함께 하는 것이 원칙이다. 이성당은 서울 잠실에 이어 천안 직영점을 개점할 때에도 통일된 고객서비스와 조직시스템 적용을 위하여 'ONE VOICE' 교육시스템을 활용하고 있다. 교육 훈련을 통해 이성당의 기업문화를 습득하게 하는 전략을 구사하여 내부 결속을 강화해 왔다.

네 번째, 보수적인 재무 관리이다.

가족 기업의 경우엔 신뢰와 화합을 유지하는 것도 중요하다. 체질에 맞지 않는 대규모 사업투자보다는 시간은 걸리지만 안정적으로 가는 것이 필요하다. 장수기업이 되는 것에는 시간이 절대적이다.

서울 태극당, 목포의 코롬방 제과, 부산의 백구당, 순천의 화월당, 대전의 성심당, 전주의 풍년제과, 군산의 이성당의 경우에도 장사가 잘 된다고 갑작스럽고 사업장을 옮기거나 새 건물로 증축하거나 가게를 넓히는 것 등에 매우 보수적으로 하고 있어 장수기업으로서 조건을 갖추었다.

2장

성공을 끌어당기는
장수기업의 비밀

가격경쟁력보다 가치경쟁력이 브랜드를 만든다

기업이 생존하기 위해서는 '생존 부동식'이 있다. 즉 가성비이다. 가격 대비 성능이 높아야 한다는 C〈P〈V 공식이다. C는 cost, P는 price, V는 value 이다.

과거에는 가격 경쟁력이 중요했지만, 현대에는 가격 경쟁력보다는 가치 경쟁력이 있어야 한다. 고객이 느끼는 가치가 높아야 기업의 장수할 수 있다는 것이다. 비용과 가격보다 상품에 그만한 가치가 있어야 한다.

가치를 만드는 것은 스토리다. 스토리는 현대 마케팅에서 빠질 수 없는 중요한 요인이 되었다. 스토리는 소비자의 이성보다는 감성에 호소하며, 감정적 유대감은 브랜드에 대한 애정 및 구매 행동을 촉발한다.

21세기는 이러한 스토리를 소비자들과 소통해야 한다. 장수기업의 스토리가 소비자들에게 전달되는 것은 SNS 덕이 가장 크다. 50년 동안 기술의 비약적인 발전은 있었지만 스토리의 중요성은 변하지 않았다. 브랜드가 어디서 어떻게 태어났는지, 그 내용은 무엇인지, 진실하고 위대한 스토리를 전해야 한다. 스토리는 소비자들과 공감대를 형성하는 데 절대적인 요소다. 그만큼 스토리가 있는 브랜드는 마케팅 성공에 매우 중요하다.

특별하고 위대한 브랜드의 힘

위대한 브랜드가 되기 위해서는 입소문이 관건이다. 광고를 하지 않는 또 다른 이유는 바로 특별하고 위대한 브랜드의 힘에 있다. 기존의 상식을 넘어서는 특별함이 있어야 한다. 브랜드의 남다른 철학을 소비자들에게 공감시키고 그 특별한 이름을 세상에 널리 알리고 위대한 브랜드가 되는 나만의 비밀이 있어야 한다.

빵만 파는 것이 아니라 추억과 문화를 파는 것이다. 태극당과 성심당, 이성당은 고객들에게 새로운 세상을 만나게 하고 행복을 준다. 양손에 빵을 가득 들고 행복한 웃음을 짓고 사진을 찍고 SNS에 올리는 사람들을 보면서 필자는 고객의 행복감을 느꼈다.

군산 이성당은 한국에서 가장 오래된 제과점으로 알려져 있는데,

일제 강점기 1910년 운영되었던 제과점 '이즈모야出雲屋' 의 이야기가
흥미를 끌고 있다. 해방 후 자리 잡은 이성당의 초대 사업주는 이즈
모야 근처에서 조그마한 과자점을 운영하고 있었다. 사업주는 '이씨'
성을 가진 사람이었는데, 이에 '이李씨 성을 가진 사람이 운영하는
집' 즉 '이성당李姓堂' 이라고 불렀다.

　초기의 과자점은 지금의 이성당 자리에서 조금 떨어진 곳에 위치
하고 있었다. 이곳에서 그는 과자를 구워 팔면서 제법 수익을 남길
수 있었다. 작은 판자집에서 시작한 이성당은 점차 사람들의 입소문
을 타고 많은 사람들이 찾았다.

고객에게 기억되는 스토리

　순천 화월당은 1920년 일본 시마네 현의 고바야시가 가족들을 이
끌고 순천에 이주하여 문을 연 것이 시작이다. 고바야시는 원래가 건
축기술자였지만 이곳에 와서 일본인이 즐겨먹는 모찌를 만들어 팔
기 시작했다. 그의 빵집에서 전남 승주 사람인 지금의 2대 사장 조병
연 씨의 선친이 직원으로 일하게 되었다.

　1928년 15세의 나이로 이 가게에 취직하게 되면서 1대 사장 조천식
씨는 일본인들에게 근면 성실한 사람으로 인정받아 표창을 받았다.

화월당 가게 안에는 그것을 증명이라도 하듯 옛날의 사진들과 선친의 물건들이 한쪽에 장식되어 있다. 해방이 되자 일본인 고바야시 가족은 본국으로 돌아가고 이후 선친 조씨는 화월당을 새롭게 단장하고 다시 문을 열었다.

1대 사장 조천식 씨는 일본인으로부터 전수받은 기술 그대로 빵을 구워 팔았다. 메뉴가 단출한 지금과는 달리 빙수, 케이크, 도넛 등 제과점의 다양한 종류의 빵들을 만들어 판매했고, 군산 이성당과 같이 구도심에 위치하여 중산층 사람들이 애용하는 만남의 장소로 1960~1970년대를 풍미한 순천의 명소가 되었다.

그 후 산업화를 거치면서 전남 동부권의 활발한 상권의 움직임으로 수많은 서구 음식점들과 제과점이 생겨나면서 차츰 그 명성이 시들해져 침체기를 겪어야 했다. 마케팅을 앞세운 기업 프랜차이즈 사업 때문에 동네 빵집들이 하나둘 자취를 감추게 되는 위기도 맞이했다.

선친에게 제빵 기술을 물려받은 2대 조병연 사장은 처음 겪는 어려움 때문에 문을 닫을 위기에 처했지만 선친이 살아계셔서 차마 가게 문을 닫을 수가 없었다. 굽자마자 순식간에 모두 동나던 빵들이 많은 양을 만들어봐야 몇 개 팔리지가 않자 조 씨는 여러 종류의 메뉴를 정리하고 단출하게 빵을 만들기 시작했다.

IMF 이후 근근이 이어가던 화월당은 옛 메뉴인 모찌와 카스텔라를 수수하게 다시 선보였다. 푸짐하고 알찬 단팥을 넣은 모찌와 샛노랗게 구수한 카스텔라는 선친이 일제강점기부터 만들어 왔던 화월당의 주메뉴였다.

필자가 화월당을 방문했을 때 명성에 비하여 가게는 협소했고 노란색 포장박스에 주문받은 모찌를 포장하고 매장에는 사람들이 없었다. 주문포장이 화월당의 판매전략인 셈이다. 떡쌀의 피가 얇고 하얗게 생겨서 물컹거리는 모찌는 씹는 순간 입안에 살살 녹는 맛이다. 냉동 보관을 해두고 몇 날을 먹어도 그 맛이 변하지 않을 정도다. 샛노랗고 구수한 맛의 카스텔라 역시 팥소를 넣고 둥글게 만들었다. 마치 테니스공처럼 생겨서 볼ball카스테라다. 둥그렇게 세상을 껴안은 것처럼 가게 안에 들어가면 하얀색 모찌와 노란색 볼카스테라가 언제나 사람들을 반기고 있다.

화월당이 명성을 되찾은 것은 순식간의 일이었다. 대기업 프랜차이즈 시스템에 입맛이 식상해진 사람들이 다시 추억의 맛을 더듬기 시작했다. 어느 순간 거짓말처럼 사람들은 옛 추억의 맛을 찾아 향수를 달래고 있었다. 화월당 매출의 80~90%가 택배 주문이다. 소문을 듣고 순천과 여수를 찾은 사람들이 관광 후 오후쯤 이곳을 들르게 되면 대부분 빈손으로 발길을 돌려야 한다.

오전 10시부터 빵을 굽기 시작하지만 전국에서 쇄도하는 택배 물량에 맞추다 보니 발품을 팔아 이곳까지 물어물어 찾아오는 손님들에게도 그 맛을 쉽게 허락하지 않을 정도다. 그래서 아침 일찍부터 줄을 서서 기다리다 마치 전리품이라도 얻은 듯 기쁜 마음에 박스 가득 선물 꾸러미를 준비하는 관광객들을 이곳에서는 흔히 볼 수 있다.

화월당 빵 맛의 비결은 첨가제를 넣지 않고 자연의 재료를 아끼지 않아 옛맛 그대로를 유지해 나가는 것이라고 조 씨는 말한다. 화월당은 이제 아들 형제에 의해 3대째로 접어들고 있다. 장수가게 후손들이 그렇듯이 국내와 해외 유학으로 제빵을 배워 온 이들 역시 화월당의 옛 명성을 지키기 위해 노력을 아끼지 않고 있다.

빵을 사려면 줄을 서시오

국내 1호 베이커리, 가장 오래된 빵집, 국내 최초의 빵집, 백년 빵
집… 이성당을 말할 때 자주 쓰는 표현이다.

"단팥빵과 야채빵를 사려면 줄을 서시오!"

이성당을 처음 방문했을 때 들은 말이다. 100미터 이상 줄을 길게
서 있는 사람들이 즐거운 표정으로 가족끼리 연인끼리 이야기를 하
면서 무려 1시간 이상 기다리는 모습이 마치 여행을 즐기는 여행객
의 모습이다. 기다리다 보니 마음도 안정이 되고 주위를 살펴보는 여
유가 생겼다. 한바탕 신명나는 공연을 기다리는 설레임까지 드는 분
위기였다. 그러다 단팥빵을 사게 되면 마치 복권 당첨된 느낌이다.

기다림은 또 다른 보상으로 되돌아온다. 이성당은 기다리는 고객
들에게 여름에는 유명 생수 한 병씩을 주거나 화과자나 빵을 준다.
기다리는 고객에게 이성당이 고마움을 표하는 방법이다. 이것은 고

객만족을 강화할 수 있는 기회도 될 뿐만 아니라 신제품을 알리는 홍보 타이밍이 되는 것이다.

전국 각지에서 빵 하나를 사러 오는 이유

이성당은 드라마 '제빵왕 김탁구'의 영향으로 쌀가루를 자연 발효해 만든 단팥빵, 일명 탁구빵이 유행하면서 더욱 주가가 높아졌다. 탁구의 제빵 스승인 팔봉 선생은 "빵 만드는 사람은 먼저 사람을 생각해야 한다"는 유언을 남긴다. 세대에 따라 입맛이 바뀌고, 인기 있는 빵의 종류도 달라지는데 오래된 빵집은 여전히 성황이다. 그 중심에 이성당이 있다. 이성당은 군산을 넘어 전국적으로 이름이 알려지기 시작하여 제과업계의 강소기업으로 성장하였다.

태극당이나 성심당, 이성당 등은 강력한 브랜드의 힘이 있다. 다양한 모습으로 우리의 일상에서 존재감을 과시한다. 세파를 견디어 살아남은 기업들의 브랜드가 그것을 입증하고 있다. 브랜드도 수명이 있지만 불멸의 브랜드도 있다. 그 불멸의 브랜드의 특징은 헤리티지 즉 전통이 있다는 것이다. 고객의 잠재 기억 속에 그 브랜드가 기억되어야 한다는 것이다.

잭 웰치 GE 전 회장은 마케팅을 핵심원칙을 "적절한 상품이 적절

한 사람들에 의해 적절한 곳에 적절한 메시지와 더불어 적절한 가격
에 제공되는 것" 이라고 했다.

　대한민국의 장수기업 빵집들은 이 원칙을 잘 지키고 있다. 빵을 사
기 위해 전국 각지에서 몰려드는 진풍경이 벌어지는 데는 다 이유가
있는 것이다.

고정관념을 넘어서다

　요즘은 '혁신의 부흥기' 라 할 정도로 기업마다 가게마다 '혁신' 을
마케팅의 주요 전략으로 선택하고 있다. 빵 업종도 마찬가지다. 빵
생산 시장규모가 매년 16%씩 증가하고 있으며, 쌀 소비는 최근 30년
만에 반 토막이 날 정도로 줄어드는 반면 빵 생산과 우유 소비는 갈
수록 늘어나고 있다. 이런 변화는 기업형 프랜차이즈의 경쟁을 수반
한다.

　현재 국내 상위 베이커리 프랜차이즈는 파리바게뜨파리크라상, 뚜레
쥬르CJ푸드빌, 크라운베이커리, 신라명과 등이다. 이들의 시장점유율
은 50%를 육박하고 있다. 이런 대기업 프랜차이즈들의 시장 진입으
로 동네 빵집이 대규모 폐업을 하고 있다. 2000년대 중반만 해도 동
네빵집이 프랜차이즈 빵집에 비해 4배 이상 많았고 더 손쉽게 동네

에서 만날 수가 있었다. 그러나 지금은 아니다.

제과제빵 사업은 진입 장벽이 낮다. 창업하는 데 비용이 일반적으로 타 업종보다 적게 든다. 식품사업을 하고 있는 국내의 주요 대기업과 유통업체 중 이미 거의 대부분은 제과제빵 사업을 하고 있다. 자본력을 무기로 한 기업형 프랜차이즈 베이커리가 주류를 이루면서 동네빵집으로 불리는 윈도우 베이커리 창업은 눈에 띄게 줄어들었다.

동네가게로서 이성당은 이러한 어려운 상황에서도 성장을 멈추지 않고 성장엔진이 오히려 더 강력해지고 있다. 폼 나는 대기업도 대규모 프랜차이즈도 아니지만 당당하게 대한민국 최고의 가게가 된다는 것은 사람들이 가지고 있는 고정관념을 넘어선 일이다.

장수기업의 현명한 선택

장수기업은 마케팅 이론이 무색할 정도로 특정시장을 구분하거나 타겟 고객을 선정할 필요가 없다. 대한민국 전국에 물건을 판매할 시장이고 전 국민이 고객인 셈이다.

글로벌 장수기업들의 공통적 특징은 선택과 집중을 적절하게 잘하는 것이다. 그 예로 100년 된 장수기업으로 1911년 독일에서 탄생한 화장품 니베아NIVEA는 전 세계 화장품 시장에서 연매출 신장이 8.7% 정도로 성장하였고 아시아 지역에서는 두 자리 수약 20% 성장을 보여 왔다.

수많은 화장품 회사가 각축을 벌이는 화장품 시장에서 굳건히 자리를 지키는 비밀은 강력한 아이덴티티다. 니베아 하면 파란 화장통과 흰색의 니베아 로고다. 이는 100년 전이나 지금이나 변함없는 것이다. NIVEA는 '눈처럼 하얗다' 는 라틴어 니비우스Nivius에서 비롯되었고 핵심 컨셉은 부드러움 친숙함, 친밀감을 포함하였다. 니베아 크림으로 만들어진 좋은 이미지를 하위 브랜드로 전이하여 토털 피부관리 브랜드로 진화하였다. 니베아는 2011년 핵심제품 성장을 위하여 2011년 메이크업 제품군을 완전히 정리하여 스킨케어에 집중하는 등 사업효율성을 높이고 아이덴티티를 강화하였다.

강력한 아이덴티티에 집중하다

장수기업의 고객층은 불특정 다수인이다. 남녀노소 구분하지 않는다는 것이다. 니베아도 모든 사람들에게 도움을 주는 스킨케어 제품을 만드는 것이 목표이다. 우리나라의 장수 빵집들도 어린이부터 노인에 이르기까지 수요층이 다양하다는 것이 경쟁력이다.

또한 모든 사람들에게 도움을 주는 혁신을 지향한다. 니베아는 지역, 나이 불문하고 좋은 피부를 가질 수 있도록 돕는다. 남성 쉐이빙 비누, 아시아 소비자들을 위한 화이트닝 제품, 1960년 베이비붐 세대를 위한 베이비용품, 청장년층을 위한 피부관리 제품, 1998년 주름방지 제품 개발과 전 세계 50여 개의 연구개발센터와 공동연구로 전세계인들의 피부에 적합한 제품을 출시 등 혁신을 계속했다.

우리나라의 장수가게도 좋은 재료를 쓰고 좋은 빵을 만들어 소비

자들을 행복하게 만드는 일에 집중하고 있다. 돈만 벌면 된다는 식에
서 탈피하여 건강과 소화가 잘되는 빵, 맛있는 빵 그리고 가격이 저
렴한 빵을 만들어가고 있다.

성공의 열쇠는 한우물 경영

정상에 다다르기 위해서는 포기하지 말고 끈질기게 도전하는 것이 필요하다. 정상에 가기 위해서는 무엇보다도 한 부문에 정통해야 한다. 그래서 한우물 경영은 전 세계 장수기업들의 특징 중 하나다. 시대마다 잘 되는 업종과 트렌드도 있지만 처음처럼 같은 마음으로 오직 한가지 사업에 집중하는 것을 말한다.

경기가 좋을 때나 나쁠 때나 선대 경영주부터 지금까지 한우물 경영을 해온 기업에서 성공의 열쇠를 찾을 수 있다. 굴지의 대기업 중에도 지금은 이름조차 없어진 기업들이 많이 있다. 그동안 많이 없어진 기업들은 사업이 좀 된다 싶으면 무리한 투자와 빚을 내서 규모를 늘려가는 데 급급하다 결국에는 망하곤 하였다.

대한민국 화장품 명가 아모레 퍼시픽은 미美를 만드는 대표적인 장수기업이다. 전신인 태평양이 설립된 1945년 이후 국내 시장점유율 1위를 놓친 적이 없는데 중국에서 다진 체력으로 전 세계로 나가가고 있다. 국내 최초 한방화장품 설화수와 제주 천연원료를 전면에 내세운 이니스프리, 기존에 존재하지 않던 새 형태의 화장품을 개발해 연속적인 히트를 기록한 쿠션 제품 등 차별화 전략으로 승부수를 띄웠다. 2014년 매출 4조7,119억원해외 비중 8,325억원, 18%을 바탕으로 2020년 매출 12조원, 해외 매출 비중을 50% 이상으로 끌어 올린다는 야심 찬 목표를 세웠다.

화장품업계에는 아모레 퍼시픽의 성공 비결로 "한우물 경영과 아낌없는 연구개발과 서경배 회장의 뚝심"을 꼽고 있다. 최근 대박을 터뜨린 중국 사업 역시 처음 진출은 1992년이었지만 15년만인 2007년에 처음 흑자를 냈다. 적자를 보는 중에도 중국 현지 의약대학 등과 협력하여 중국 여성 5,200여 명의 피부 특성을 연구하는 등 연구개발에 집중한 것이 적중했다.

남들과 다른 제품에 사활을 걸어라

성심당은 튀김 소보로가 크게 인기를 끌고 있지만, 튀김 소보로만 있는 것이 아니다. 아이스크림 종류가 많지 않던 시절 팥빙수는 최고의 여름 간식이었다. 성심당은 전국 최초 포장 빙수로 유명하다. 팥

빙수는 특성상 포장이 되지 않아 집에 가지고 가면 그 맛이 떨어지는 특성이 있다. 그러다 병원에서 링거병을 보관하던 스티로폼 박스를 팥빙수에 적용하면 어떨까 하는 생각을 갖고 스티로폼 절반을 잘라 팥빙수를 담아두어 세 시간을 버틴다는 것을 알게 되었다. 그때만 해도 서울에도 없었던 포장 빙수가 전국적으로 확산돼 한동안 빵집들의 효자 상품이 되었다.

이성당은 타의 추종을 불허하는 단팥빵과 야채빵을 만들면서 전문가의 개념을 재정의하는 데 일조하였다. 일반적으로 전문가는 "문제를 잘 해결하는 사람"으로 알고 있지만, 그보다 중요한 건 "문제의 발견"이다. 단지 환자의 통증을 가라 앉히는 게 아니라 왜 배가 아픈지 근본적인 원인을 찾아 그에 대한 치료와 예방책을 내놓아야 한다. 그게 전문가다.

시선을 끌어라

　일본 기업은 가게 정문이나 출입구에 '노렌暖簾' 이란 발을 쳐놓는다. 노렌에는 상호나 가문의 문장이 적혀 있다. 이 노렌이 바로 일본기업의 핵심 가치 역할을 한다. 아미다이케 다이코쿠의 창업주부터지금의 고바야시 사장도 모두 '계속 새로 만들어 가자' 는 노렌을 꾸준히 지키고 있다.

　고객의 시선을 잡아끄는 장수기업들의 전략은 여러 가지가 있다. 2014년 성심당은 많은 사랑을 받은 튀김 소보로를 주제로 '튀소쏭' 을만들어 제품 포장지에 공개했다. '대전부르스 떡' 은 2006년 성심당이창업 50주년을 맞아 함께 동고동락한 대전 시민에게 감사의 마음을전하기 위해 개발한 제품으로 대전의 이미지와 정서를 담았다. 대전의 보물이라고 불리는 보문산에서 영감을 받아 만든 '보문산 메아리' , 부산 시민을 위해 만든 '부산갈매기 빵' , 서울 소공동 롯데백화점 팝업스토어를 기념하여 만든 '서울탱고 빵' 등 지역의 스토리를 가미한 특징 있는 제품을 지속적으로 만들어가고 있다.

목포 코롬방 빵집은 군산 이성당과 함께 호남 지역의 오래된 빵집으로 유명하고, 전국 5대 빵집으로 선정될 만큼 손에 꼽히는 맛집으로 유명하다. 70년 가까운 세월의 역사를 지녔으며, 목포에서 처음으로 생크림을 사용한 제과점으로도 유명하다. 전주 풍년제과는 1958년 전국 최초로 소프트 아이스크림 기계를 만들어 소프트 아이스크림을 판매하였다.

광복 이후 일본인이 운영하던 제과점 '미도리야'를 1945년 인수한 서울 태극당은 중구 명동에 1946년 설립, 전병, 아이스크림, 월병, 사탕류, 양갱을 주메뉴로 시작 서울에서 가장 오래된 빵집이라는 안내문과 함께 오래된 태극식빵이라는 문구와 태극당 아이스크림현 모나카 아이스크림 출시하여 빵집 입구에 잘 보이도록 진열해 놓았다.

작지만 강한 원칙을 지켜라

가격도 중요하다. 적당한 가격에 맛있는 빵을 찾는 것은 어쩌면 당연한 것이다. 솔직히 쌀과 밀가루, 팥 등 원재료 가격이 폭등할 때 빵 가격을 올려야 하는 유혹에 고민하지 않을 수 없었을 것이다. 그러나 그때마다 "평범한 가격으로 맛있는 빵을" 여전히 먹을 수 있도록 하는 것이 이성당의 역할이라는 철학과 원칙을 유지했다.

　세상에서 가장 무서운 사람은 몸집이 크고 힘이 센 사람이 아니다. 두둑한 배짱을 가진 사람이 가장 무서운 사람이다. 변칙에 능하고 시류에 따라 변하는 기업보다는 작지만 강한 원칙 있는 기업이 오래간다. 장수기업은 그런 기업이다.

　이제 비싸게 파는 고가화 전략, 싸게 파는 침투 전략, 경쟁사와의 관계를 이용한 가격 전략은 고객들도 눈치를 챈다. 수십 년째 단팥빵과 야채빵를 팔고 있지만 예나 지금이나 빵 안에 들어가는 소의 양을 줄인 적 없고 첨가제를 넣지 않는다는 원칙을 고수한 이성당처럼, 남다른 차별화 전략이 고객들의 시선을 잡아두는 역할을 충분히 하고 있다.

단 1%의 재고도 허락하지 않는다

적극적으로 변화를 추구하면서 핵심 가치를 잃지 않는 것도 중요하다. 장수기업의 공통적 특징으로 '온고지신溫故知新'을 꼽는다. 새로운 도전에서 옛것을 마냥 무시하면 안 된다는 말이다. 창업 정신이나 경영 원칙 등의 옛 것을 지키면서 혁신을 계속해야 한다.

2000년대 중반만 하더라도 동네 빵집은 전국에 14,000곳이 넘게 존재했지만 대기업 프랜차이즈나 마트 등의 인스토어 베이커리 등이 득세하면서 더 이상 수익성이 없기에 10년도 안 된 기간 동안 1/4 수준으로 줄어들고 말았다. 이런 상황에서 장수기업 성심당이나 이성당의 존재는 눈에 띌 수밖에 없었다.

이성당의 경우 재고를 허락하지 않는 원칙을 고수한다. 아침에 일찍 가거나 오후 8시 전후 방문해보면 재고량이 거의 없거나 떨어진 경우가 다반사다. 매번 나오는 빵이 신선하고 만든 그 즉시 판매하다 보니 더욱 맛있을 수밖에 없다. 이른 저녁시간에 가면 소량은 남아 있으나 8~9시 같은 늦은 저녁에는 동나고 없을 정도로 그 인기가 높다. 성심당의 경우도 마찬가지다.

그렇다면 어떻게 매일 만드는 빵의 재고가 0%가 될 수 있을까? 아침 8시에 출발해서 시간 단위로 빵을 만들어 고객들의 수요를 파악하여 생산량을 결정하는 노하우를 가지고 있다는 것이다. 매장에서 불특정 고객에게 파는 양과 매장 수령용 주문량과 택배 물량 등에 의해 정확히 생산량이 정해진다.

재고가 없다는 건 장사를 하는 가게에서는 무엇보다도 중요하다. 재고를 남기지 않기 위한 방법 또한 중요하다.

성심당은 창업 이래 남은 빵을 교도소나 고아원, 노약자 시설에 주는 것을 가게의 봉사 이념으로 삼아 재고가 남지 않는다. 이성당도 기회가 있을 때마다 나눔을 실천하는 경영철학으로 보육시설이나 사회적 어려운 계층에 단팥빵 등을 제공하는 전통을 지키고 있다.

빵이 수레를 타고 행진하다

마케팅 고전 중 하나가 컨셉 마케팅이다. 물건을 팔거나 서비스를 제공하기 위해서는 그 진정성을 보여주어야 한다는 것이다. 마음을 보인다는 것은 단순히 말로만 하는 것은 한계가 있다. 그래서 고객의 마음을 사로잡는 것은 쉽지 않다.

'빵이 수레를 타고 행진하다.'

이 말을 들으면 누구든지 의아하게 생각할 것이다. 빵을 퍼레이드처럼 선보이는 이성당의 빵은 마케팅 이론에서 말하는 컨셉 마케팅의 성공적인 모습이다. 고객의 경험이나 감각을 붙잡는다는 것이다.

고객의 육감을 붙잡는 것은 어렵고도 힘든 일이다. 최근 기업들이 가장 고민하고 노력하는 부분이기도 하다. 기업의 입장에서 제품을 통해 고객을 붙잡는 것은 참으로 힘든 일이다. 이성당의 빵 퍼레이드는 사람들에게 마법 같은 기대감을 준다. 이성당 빵을 처음 접해보는 고객은 그 행진을 통해 각자 상상 속의 맛을 생각하면서 빵 구입을 기다린다.

그토록 기다리고 있던 고객들의 시선을 한몸에 받으면서 막 구운 고소한 빵 향기를 매장 전체에 퍼트리면서 행진이 시작된다. 빵을 구입하려는 사람들의 시선을 주목시키며 기대감을 고조시킨다. 빵 수레에는 야채빵과 단팥빵이 실려 있는데 그 모양도 먹음직스럽기도 하지만 냄새가 식욕을 돋운다.

락앤락은 왜 성공하였나?

컨셉 마케팅의 대표적인 사례로 락앤락를 꼽을 수 있다. 밀폐용기의 대명사 락앤락이 처음부터 승승장구한 것은 아니다. 1999년 처음 출시 때는 소비자 반응은 냉담하였다. 그러나 2001년 세계 최대 홈쇼핑업체인 미국의 QVC에서 락앤락을 소개하였는데 결과는 대성공이었다. 용기에 달러 지폐를 가득 넣고 검정 잉크를 가득 풀어둔 수조에 락앤락를 집어넣고 잠시 후에 꺼내보는 시연을 하였다. 용기 안의 지폐가 온전히 보존된 모습이 선보여진 홈쇼핑 방송 직후 준비해둔 물량 5,000세트가 순식간에 동이 났다. 완벽한 밀폐력을 눈으로 직접 확인해주는 소비자의 감각을 홈쇼핑을 통해 보여주었던 것이다.

이후 락앤락은 입소문을 타고 명실상부한 세계적인 기업으로 성장하였고 그 성공에 힘입어 국내 홈쇼핑에도 소개되었다. 이번에는 밀폐용기 안에 솜사탕을 넣고 수조 속에 담갔다 꺼내도 뽀송뽀송한 상태를 직접 시청자에게 보여주었다. 그 결과 9회 연속 매진으로 홈쇼핑 분당 최대 매출을 기록하였다.

한편 락앤락을 따라잡기 위하여 후발 주자가 락앤락 제품에 도전장을 내밀었는데, 밀폐는 물론 항균 컨셉으로 출시하였다. 반응은 기대 이하였다. 왜 실패하였을까? 소비자가 항균성의 감각을 통해 확인할 수 없었기 때문이었다. 음이온이 발생하는 에어컨, 원적외선이 방출되는 돌침대 등 소비자가 쉽게 감각으로 파악하기 어려운 컨셉은 성공하기 어려운 점이 있다.

어떤 제품이든 고객이 감각을 육감으로 확인할 수 있는 정도의 유형성을 가지고 있지 않으면 시장에서 성공할 수 없다. 이점에 있어서는 이성당의 빵을 수레로 이동시키는 것은 마케팅 관점에서 매우 긍정적인 평가를 내릴 수 있다.

무조건 즐거워야 한다

미국의 사우스웨스트항공 CEO 허브 켈러허는 '유머 철학'으로 유명하다. 직원들을 웃기기 위해 하루 종일 고민하고 에너지를 쏟는다. 경직된 조직 분위기를 화합시키는 데 효과적이기 때문이다. 이는 '직원 우선주의'라는 CEO 철학에 기반을 둔 행동이다.

이 결과 46분기 연속 흑자와 30년 평균 주가수익률 1위, 세계에서 가장 존경받는 기업 2위가 되었다. 사우스웨스트항공은 서비스 스토리로 유명하다. 한 승객이 개를 데리고 비행기에 탈 수 없는 걸 모른 채 애완견과 함께 휴가를 가고자 공항에 왔을 때, 담당 직원이 흔쾌히 이 승객이 휴가를 즐기는 2주 동안 그 개를 돌봐 준 스토리, 노년 승객이 비행기를 불편 없이 환승할 수 있도록 직원이 다음 기착지까지 동행해준 스토리 등 고객 서비스의 우수성을 차별화하였다.

장수기업을 방문해보면 공통적인 특징이 있다. 창업 때의 사진, 역사, 당시의 계산대, 팻말 등 역사가 진열되어 있다. 서울 태극당에 간 고객들은 매장 곳곳에서 세월의 무게를 느낄 수 있는 사진들을 볼 수 있다. 처음 오픈할 때의 매장 사진, 창업주 사진, 그때의 상호, 포스터 등을 보는 것 자체로도 즐겁다.

직원이 즐거우면 고객도 즐겁다

장수가게가 지속적으로 성장하는 계속기업Going Concern이 되기 위해서는 직원 모두가 뚜렷한 목표의식을 가지고 그것을 달성하기 위해 자신감을 가져야 한다. 더불어 과정을 진정 즐길 줄 아는 직원의 행복이 고객의 감흥과도 직결된다. 고객과 직원이 모두 즐거워야 한다. 기다리는 시간조차도 즐거워야 한다. 즐거움이 생각나고 추억이 떠올라야 한다.

장수하는 빵가게에 가면 빵 나오는 시간에 매장 안은 말 그대로 북새통이다. 이때 고객과 직원 간 한바탕 신명 나는 놀이가 펼쳐진다. 직원들은 공연하는 것과 같고 고객들은 이를 관람하는 관객 같다.

이성당 김현주 사장은 직원들에게 고객에 대한 자율권을 부여한다. 자주 오는 고객에게 직원들이 슬쩍 작은 빵을 주면서 감사를 표해도 된다. 직원들이 스스로 결정하게 하고 전결권을 부여하여 하루

종일 지루할 수 있는 일을 즐겁게 만든다. 이는 곧 고객만족으로 이어진다. 자신만의 철학에 기반을 둔 유머로 소통을 갖춘 리더가 되는 것이다.

《미래를 경영하라》의 저자 톰 피터스는 "웃음이 없는 곳에서는 절대로 일하지 말고 웃지 않는 리더를 위해 일하지 말라."고 했다.

장수기업에 가면 직원들이 활기차고 활력이 넘치는 것을 볼 수 있다. 이러한 점이 빵을 구입하면서 더 즐거움을 느끼게 하는 또 하나의 매력이다. 자칫 힘들고 재미없는 일상을 보낼 수가 있는데 장수가게를 놀이터 삼아 하루를 즐겁게 보내게 되어 이러한 활력이 다시 고객들에게 돌아가는 선순환 경영이 되는 것이다. 그래서인지 장수기업에는 장기근속 직원이 많다.

추억과 경험을 팔아라

최근 기업들은 체험을 홍보하는 것이 일반적이다. K뱅크나 카카오뱅크 같이 인터넷은행들이 나오자 기존 은행을 거래하던 사람들이 한번쯤은 계좌를 만들기 위해 인터넷상에 거래를 한다. 마치 이것을 하지 않으면 자신이 인맹인터넷 맹인이 될 것 같은 조바심을 갖게 한다.

수많은 신제품이 시장에 나오지만 소비자의 관심을 끄는 것은 소수에 불과하다. 어떻게 하면 내가 만든 신제품을 강력하게 기억하게 하는지는 많은 기업들의 관심사다. 소비자행동 이론에서는 제품을 어필하지 말고 제품이 주는 이익과 경험을 공유할 것을 어필하는 것이 더 좋다고 한다.

경험의 대표적인 코드가 바로 과거에 대한 추억 즉 복고다. 그런 점에서 장수 빵집들의 빵들은 복고 마케팅의 대표적인 사례다. 단팥

빵은 어려운 시절에 먹었던 빵이었다. 그래서 장수빵집에 가서 빵을
사는 사람들은 나이든 사람도 많다. 나이든 부부간, 손자간, 할아버
지와 할머니 간 고객들이 자리에 앉아 빵을 먹는 것은 세대를 걸쳐
경험을 공유하는 모습이다.

과거의 향수는 인간의 보편적 욕구

그런데 왜 사람들은 복고에 환호성을 보내는 것일까? 과거에 대한
향수는 인간의 보편적인 욕구로 추억이 담긴 콘텐츠와 제품에 호감
을 느끼는 것이 당연하다. 과거란 희망과 넉넉함이 있는 반면 현대는
디지털과 첨단에 지치게 한다. 그런 현대인의 탈출구로서 복고는 각
광받고 있다.

복고는 기존 세대와 신세대를 연계 해주는 매개체가 된다. 최근 미
국의 브로드웨이에서는 1960년대나 1970년대 인기가 있던 아바의
〈맘마미아〉 등과 같은 작품을 영화나 뮤지컬로 재탄생시키고 있는
데 〈맘마미아〉 같은 작품은 국내에서도 큰 인기를 얻었다. 온라인에
서도 과거 있었던 오락실 게임인 보글보글, 너구리게임, 갤러그 등이
유료 서비스로 제공되고 있다. 미국에서는 베이비붐 세대의 영화, 음
악, 드라마, 패션, 음식 등을 공유할 수 있는 '세대공유 사이트' 가 인

기 폭발이다. 복고는 신세대가 자신의 개성을 표현하는 매력적인 코드로 자리 잡고 있다. 30~40세대는 추억의 디스코이지만 신세대에게는 복고 댄스로 자리매김을 하였다.

복고 열풍에는 이유가 있다

장수 빵가게들은 대부분 구도심에 위치한다. 특히 군산은 옛것이 고스란히 남겨진 시간이 멈춘 도시다. 이 중심에 이성당이 있다. 어려웠던 시절 부모님 손을 잡고 먹었던 단팥빵과 야채빵의 추억이 시간이 멈춘 건물에 그대로 있다. 한마디로 말해 이성당은 '복고 마케팅'의 원칙이 구현된 가게다.

복고 열풍은 경기침체가 장기화될 때 활성화된다. 과거에 대한 향수가 증가하여 예전의 소박한 맛과 디자인을 선호하고, 공연이나 영화, 음악뿐만 아니라 요식업에도 큰 영향을 끼친다. 빙그레의 '바나나맛 우유'는 1974년 6월 출시된 가공우유시장 대표 브랜드로 바나나가 귀하던 시절 출시돼 시장 반응이 폭발적이었다.

가장 한국적인 디자인으로 평가 받는 독특한 항아리 모양 용기가 지금까지도 똑같은 모습으로 판매되고 있다. 하루 판매량이 80만 개에 달하여 빙그레의 단일상품 중 최다매출을 기록하였다2010년 1,300

억원. 2012년 6월에는 국내 유제품 최초로 일본시장에 진출하는 쾌거를 이루기도 하였다.

가까운 일본도 마찬가지다. 아사히 음료 '미쓰야사이다' 를 1969년 레시피를 기본으로 당시의 맛을 재현하여 2012년 15만 상자 목표를 세워 판매했다. 후지필름 'X시리즈' 는 전통 필름카메라와 유사한 클래식한 디자인으로 인기가 높다. 조리개, 셔터스피드, 노출정보 등 카메라의 기본 기능을 다이얼로 조작하지만 기술은 최첨단을 달린다. 일반 디지털카메라의 3배를 호가하는 고가임에도 불구하고 크게 히트 쳤다.

복고 트렌드의 이면에는 고령화 인구 증가에도 그 원인이 있다. 미국이나 유럽, 일본 등 주요 선진국의 금융자산을 가지고 있는 계층이 고령화 인구다. 대한민국도 예외가 아니다. 여행을 통해 소비를 할 수 있는 소비층이 아무래도 조금은 여유가 있어야 가능하기 때문에 '여행과 복고' 에 대한 수요가 꾸준히 증가하고 있다.

예전의 그 맛과 그 분위기 그대로

이성당은 요즘같이 커피숍이 많지 않았던 1980년대부터 1990년대 말까지 군산시의 젊은 사람들의 데이트 장소로 꼽혔다. 매장에 들어서면 고풍스런 창가와 가게 안쪽에 누군가의 첫 데이트 장소였을 법한 작은 테이블이 여럿 놓여 있어 갓 구워진 단팥빵과 야채빵을 식기 전에 먹으면 그만한 맛을 찾아 볼 수 없다. 지금도 조금은 오래된 테이블이 매장 옆에 있어 차도 마시고 빵도 먹는 것을 볼 수 있다.

이성당은 기업형 프랜차이즈 빵집과 견주어도 결코 뒤지지 않는 규모지만, 덜 세련됐고 한결 정겹다. 앞쪽에 진열대에는 윤기가 도는 수십 가지의 빵이 수북이 쌓여 있고 집게와 쟁반을 든 사람들은 무언가에 홀린 듯 쟁반에 가득 빵을 담는다.

1992년과 1994년 사이에 확장공사를 단행하여 지금처럼 매장 내에서 먹을 수 있도록 카페테리아를 갖추게 되었고 지금의 간판은 2002년 월드컵 당시의 간판과 같다.

전 세계 100년 이상 된 장수가게의 특징 중 하나가 "그 장소에서 그 시설을 그대로 그 맛을 유지하는 특징"을 가지고 있다. 이성당이 지금과 같이 사람들의 사랑을 많이 받게 된 배경에도 오래된 건물과 시설 그리고 디지털 분위기가 아닌 아날로그 분위기 그 자체를 유지하였기 때문이다. 최신식 건물이나 기계화된 설비 등에 의해 대량 생산을 한 경우에는 오늘날 같이 많은 사람들의 발길을 잡을 수가 없다. 고객들의 추억의 느낌을 자극하는 그 분위기는 어떤 것과도 대체가 불가능하기 때문에 매우 중요하다.

옛것에 현대적 색채를 입혀라

복고 마케팅이 성공하기 위해 염두에 두어야 할 것이 있다.

첫째, 기성세대에게는 과거의 경험을 바탕으로 자연스럽게 신뢰감을 형성해야 한다.

익숙함으로 신뢰감을 얻으면 단기간에 브랜드 인지도를 상승시킬 수 있다. 신규 브랜드보다 마케팅 비용을 줄 일수 있다. 이성당의 경우에도 추억의 단팥빵은 그 맛 그대로 100년을 지켜왔다. 화월당의 '은은한 카스테라 향'도 어려운 시절 간직했던 추억을 떠오르게 한다. 복고 제품인 GM의 신형 카마로 모델, 포드의 머스탱, 썬더버드, 쿠쿠에서 출시한 누룽지 압력솥은 장년층 사람들에게 좋은 반응을 얻었다.

둘째, 신세대에게는 새롭게 포지셔닝해야한다.

성심당의 대전부르스 떡, 대전 보문산 메아리 빵, 서울탱고 빵, 부산갈매기 빵, 이성당의 블루빵 등이다. 엡손은 아날로그 디자인의 디지털카메라를 개발하여 젊은 마니아층의 인기를 얻었다.

셋째, 과거에 현대적 감각을 입혀야 한다.

제품에 남아 있는 고객을 욕구를 찾아 현대화시키자는 것이다. 전주 풍년제과의 수제 초코파이는 1980년대 유행했던 초코파이를 현대화한 경우다. 소니 에릭슨사는 휴대폰 MP3 플레이어에 워크맨 브랜드를 현대화시켰다. '오래되어 가치 있는 것'을 의미하는 빈티지 vintage 제품이 인기를 끌고 있다. 자칫 과거의 명성과 이미지만 가지고 왔을 때 실패하는 경우가 있다. 옛것을 현대화하는 노력은 오늘날의 복고 마케팅의 성공 요인이 된다.

|장수기업 성장의 요인은 무엇?|

스토리 마케팅의 역사적 사건들

미국의 브랜드 컨설팅 회사 싱크토피아의 CEO 패트릭 한론은 "강력한 브랜드가 되기 위해서는 사람들이 계속해서 서로 이야기를 나눌 수 있는 컨셉 스토리를 제공해야 한다."고 했다.

스토리 마케팅의 대표적인 사례로 최초의 상업화 생수 '에비앙EVAIN'이 있다. 1789년 알프스 산맥의 작은 마을 '에비앙Evian'에 신장 결석을 앓던 후작이 에비앙 지역 우물물을 마시고 완쾌되어 이 이야기가 퍼져 소유주가 우물물을 팔게 되었는데 이후 1878년 프랑스 정부로부터 공식 승인을 받아 '에비앙'이 탄생하였다. 원래 신장결석에는 어느 물이든 많이 마시면 낫는다는 것이 상식이지만 잘 만들어진 스토리로 세계 최대 생수 판매 회사로 성장하였다.

'월드디즈니'의 조 로드는 초대형 테마파크 '동물의 왕국Animal Kingdom' 사업의 승인을 얻기 위해 회의석상에 실제 벵골 호랑이를 데리고 들어가, 살아 있는 동물을 가까이에서 지켜보는 것이 얼마나 흥분되는 경험인지 증명하였다.

이처럼 요즘은 '스토리 슈머 시대Srorysumer'이다. 스토리 슈머는 Story와 Comsumer의 합성어로, 스토리텔링 마케팅이 중요한 관심사로 떠오르고 있다는 것이다. 잘 만들어진 광고 영상 중 스토리텔링이 아닌 것은 거의 없다. 소셜 미디어 환경이 성장하면서 스토리텔링의 중요성이 더욱 부각되었다.

보통사람들을 위한 최초의 눈 화장 전문 브랜드 메이블린MAYBELLINE, New York은 1970년대 초, 1초에 한 개씩 팔렸다는 속눈썹 마스카라로 선풍적인 인기를 끌었다. 메이블린이라는 브랜드가 탄생한 스토리가 참 재미있다. 메이블 윌리엄스는 메이블린 창업주 톰 라일 윌리엄스의 누나다. 어느 날 그녀가 교회에서 만난 채트라는 남자와 사랑에 빠졌는데, 그 남자가 메이블을 두고 다른 여자와 사랑에 빠져버렸고, 낙담한 누나를 위해 톰 라일은 남자의 마음을 돌릴 방법을 연구하게 되었다. 남자의 관심을 끌기 위해 바셀린에 석탄가루를 혼합한 '최초의 마스카라'가 탄생하였다.

진하고 풍성해진 속눈썹 덕분에 사랑을 되찾는 누나는 1914년 결혼에 골인하여 행복하게 살았다고 한다. 톰 라일은 누나가 결혼한 이듬해인 1915년 메이블Maybel과 바셀린Vaseline의 합성인 메이블린maybelline을 설립하였다. 아름다운 눈을 만들어 사랑 받는 미인으로 변화시키는 마스카라는 메이블린과 잘 맞는 스토리 컨셉이었다.

설득력을 높여주는 스토리텔링이 있으면 소비자의 심리적 저항이 사라진다. 스토리 성공의 관건은 "이야기의 완성도와 메시지의 간결성의 조화"다. 간결하면서 완성도를 높이려면 소비자를 몰입시키는 이야기가 필요하다. 이를 위해 중요한 것은 소비자가 공감할 수 있는 캐릭터다.

3장

지금 왜
장수기업인가

왜 지금 장수기업이 주목받을까

사람처럼 기업도 생로병사를 겪는다.

맥킨지 보고서에 따르면 1935년 90년에 달했던 기업의 평균 수명이 근래에는 15년 수준으로 떨어질 전망이라고 한다. 2011년 포브스에서 분석한 결과로는 글로벌 100대 기업의 평균 수명이 약 30년에 불과하며, 이들 기업이 70년간 존속할 확률은 18%뿐이라고 했다. 맥킨지 소속 컨설턴트가 쓴 책《차이를 만드는 조직》에 따르면 베스트셀러 경영서적인《초우량 기업의 조건》과《성공하는 기업들의 8가지 습관》에서 탁월한 기업으로 소개된 곳 가운데 20%는 금융위기 전인 2006년 이미 사라졌고, 46%는 고전을 면치 못하고 있으며 33%만 그나마 우수한 성과를 냈다.

단순히 '많은 수익을 거둬들이는 것'으로 기업을 평가하는 시대는 끝났다. 우리나라도 마찬가지다. 대한상공회의소가 최근 집계한 자료에 따르면 국내 1,000대 기업 평균 나이는 28.9세에 그쳤다. 창업 100년이 넘어 장수하고 있는 기업은 두산, 동화약품 등 7개 정도에 불과하다. 2011년 보고서에 따르면 국내 중소제조업의 평균수명은 12.3년, 대기업은 29.1년에 불과하다.

40년 전 한국 100대 기업에 속한 회사가 2015년 현재 100대 기업으로 유지되고 있는 경우는 11개뿐이다. LG전자, 기아자동차, 현대건설, 대림산업, CJ, 한화, 제일모직, 한국타이어, 대상, 코오롱, 태광산업이다. 지난 1965년 매출액 10위 이내인 기업들은 동영목재, 금성방직, 판본방적, 경성방직, 대성목재, 양하수출조합, 동신화학, 제일제당, 대한제분, 충주비료 정도였다. 50년 전에 있었던 기업은 사라지고 새로운 업종의 회사가 그 자리를 메꾸어 10대 기업 지도가 바뀌었다는 것이다.

대한민국은 그 어느 나라보다 세계사적으로 유례없는 고속성장으로 한강의 기적을 이룬 나라이기에 다른 나라보다 기업들이 굴곡이 더 심했을 수는 있다. 하지만 포브스에 따르면 글로벌 100대 기업의 평균 수명도 약 30년에 불과하고 이들 기업이 70년간 살아남을 확률은 18%에 불과하다. 글로벌 일류기업조차 장기 생존은 쉽지 않다는 얘기다. 포춘이 1990년 선정한 미국 500대 기업 가운데 2010년까지 500대 기업으로 남은 곳은 121개 사뿐이었다. 글로벌 500대 기업의

75%가 20년 만에 탈락한 것이다.

초일류기업의 비밀, 장수기업에서 찾을 수 있다

길거리에 가다 보면 신장개업을 알리는 화환이 즐비하던 식당에 채 1년도 되지 않아 또다시 신장개업을 알리는 화환이 세워져 있는 걸 봐야 하는 것이 현실이다. 이러한 상황에서 장수하는 기업은 결과적으로 경쟁력 있고 강한 초일류 기업이라는 방증이 된다.

위기는 기업이나 개인 누구에게나 찾아온다. 전 세계 휴대폰 출하량의 3분의 1을 차지하며 성공신화를 썼던 노키아가 최고 정점에서 무너지는 데는 10년이 걸리지 않았다. 스마트폰 시대가 도래하리라는 것을 남들보다 먼저 알았으면서도 당장의 성공에 취해 방심한 것이 패착이었다. 소니·파나소닉·샤프 등 세계를 주름잡던 일본 가전업체들도 세계 1등이라는 자만심에 빠져 기술 변화를 외면하고 타성에 젖어 몰락의 길에 접어들었다.

기업의 흥망성쇠에도 알고 보면 그럴 만한 이유가 있다. 쇠퇴해가는 이유를 정확하게 파악하고, 적극적으로 대처해나간다면 망할 기업도 흥할 수 있겠지만, 당장 잘되고 있다고 거들먹거리며 현실에 안주한다면 그리 오래가지 못 할 것이다.

스위스 다보스포럼은 2005년부터 매년 '다보스 Global 100'을 발표하고 있다. 전 세계 3,500개 기업들 중 경영혁신 등 10대 지표에 따라 향후 100년간 세계적 명성을 유지하며 지속할 기업 100개를 선정한 것이다. 글로벌 100대 기업의 특징을 살펴보면 100대 기업의 평균 수명은 68년이고 29개 기업이 100년 이상을 지속하고 있다. 2009년 글로벌 100대 기업의 평균 수명은 102년으로 42개 기업이 100년 이상을 지속해왔던 것에 비해 100대 기업의 평균수명 역시 짧아지고 있음을 알 수 있다.

장수기업은 존경받는 기업이어야 한다

이런 시점에서 장수기업이 더욱 주목을 받는다. 2007년 NHK스페셜 '장수기업 대국 일본의 비밀'이 방영된 이후 한국의 방송과 언론에서도 장수기업에 대해 많은 관심을 나타내고 있다. 〈포춘〉지가 선정한 '2014년 세계에서 가장 존경받는 기업' 상위 50개 업체의 평균 나이는 83세이다. 이 수치에서 알 수 있듯이 장수기업은 존경받는 기업인 경우가 많다.

대한민국은 2차 세계대전 이후 OECD 선진국에 진입한 유일한 국가다. 수많은 기업의 도전과 극복을 통해 짧은 시간에 많은 것을 바

꿀 수 있었으며 그 근간에는 중소기업의 힘이 절대적이었다. 세월이 흐르면서 대한민국의 근간이 되었던 세대도 점차 은퇴를 준비할 나이가 되었다. 즉 우리나라도 2, 3세대 기업가를 육성하여 기업의 연속성을 준비할 때가 된 것이다.

외국의 경우 장수기업은 통상 100년 이상의 업력을 의미한다. 창업 200년 이상의 장수기업만 해도 전 세계 57개국에 7,212개나 되며, 일본 3,113개43.2%, 독일 1,563개21.7%, 프랑스 331개4.6%, 영국 315개4.4%, 네덜란드 292개4.0% 등이 있다.

반면 우리나라는 근대적 기업의 역사가 짧아 100년 이상 된 기업은 7개, 60년 이상 법인기업도 184개 수준이다. 일본은 100년 이상 기업이 2만 2,000개 이상이고 유럽엔 장수기업이 매우 많다. 200년 이상의 역사를 가진 기업만 유럽 내에 약 4,000여 개다. 독일이 가장 많고 프랑스가 그 다음이다.

장수기업 경영자들의 모임도 활발하다. 영국 기업이 중심이 된 '300년 클럽Tercentenarians Club'과 프랑스 중견 장수 기업 모임인 '소코다Socoda' 등이 대표적이다. 유럽과 일본 등 세계 각국의 200년 이상의 장수기업 경영자 모임인 '레 제노키앙Les Henokiens'도 잘 알려져 있다. 레 제노키앙 협회 회원사는 9개 국가 44개에 불과하다. 세계 3대 초콜릿 회사 노이하우스NEUHAUS, 프랑스 도자기 전문 업체 레볼

REVOL, 스위스 글로벌 PB전문은행 롬바드 오디에LOMBARD ODIER, 일본 호텔업 호시HOSHI, 독일 자동차부품업체 뮬러MOLLERGROUP, 이탈리아 선박회사 오거스티아Augustea, 네덜란드 건강기능식품기업 반에그헨 그룹VAN EEGHEN GROUP 등 대기업에서 중소기업까지 규모가 다양하다. 업종도 자동차 · 와인 · 섬유 등 제각각이다.

레 제노키앙 멤버가 되려면 까다로운 4가지 조건을 갖춰야 한다. 창업 역사가 200년이 넘고, 가족이 소유하거나 대주주로 남아 있고, 지금도 경영을 하고 있으며, 재무구조가 좋아야 한다. 이를 통해 고객으로부터 영속적인 기업이라는 믿음을 심어줌과 동시에 젊은이들에게 몸담고 싶은 회사라는 이미지를 줄 수 있어야 한다는 것이다.

〈대한민국 100년 7대 장수기업〉

설립연도	기업명	창업 당시 상호	현재 업종
1896	두산그룹	박승직 상점	지주회사
1897	동화약품	동화약방	제약
1897	신한은행	한성은행(조흥은행)	금융
1899	우리은행	대한천일은행	금융
1905	광장주식회사	광장주식회사	건물임대업
1905	몽고식품	야마다장유양조장	음식료
1912	보진재	보진재석판인쇄소	인쇄

가족기업의 이미지도 매우 긍정적이다. 가족기업에 대해 우리 사

회는 상당히 부정적인 것이 사실이다. 부의 세습, 비민주적인 의사 결정, 부조리한 지배 구조 등이 가족 기업에 따라붙는 꼬리표들이다. 그러나 모든 가족기업이 이런 폐해를 숙명적으로 동반하는가에 대해서는 재론의 여지가 있다. 〈백년 기업 성장의 비결〉은 바로 이 점에 주목한다. 기업의 역사가 오래될수록 창업자로부터 이어져 오는 남다른 기업가 정신, 신속한 의사 결정, 장기적인 관점에서 바라보는 과감한 투자가 결국 소비자에게 신뢰를 받는 제품을 만들어내는 것은 물론, 안정적인 고용을 미래에도 지속해 나갈 수 있을 것이라고 믿고 있기 때문이다.

기업가 정신의 차세대 공유가 필요하다

세계적인 장수 기업들은 지금도 1000년을 준비하기 위하여 기업가 정신을 가족과 직원에게 전달하고 있으며, 그것을 가장 중요한 사업 영역으로 보고 있다. 부모 세대가 기업을 일구고 성장을 위해 겪었던 경험과 노하우를 자녀와 직원에게 어떻게 공유시키느냐에 따라 기업 경쟁력의 유무가 결정된다는 것이다. 그들은 이러한 방식이 글로벌 시장에서도 새로운 사업을 실행시킬 수 있는 힘이 될 것이라 확신하고 있었다.

대한민국 역시 기업 역사가 길어지며 창업과 기업 성장에 대한 목표도 변하고 있다. 과거에는 가족의 부를 위한 것이 대부분이었다면 몇 년 전부터는 세대를 뛰어넘는 기업을 만들겠다는 목표를 가진 CEO들이 많이 생겨나고 있다.

그렇지만 현실은 조금 다르다. 많은 기업가들이 자신의 자녀와 직원에게 지식 및 스킬 위주의 학습을 요구한다. 이에 따라 새로운 기술 및 제품 개발보다는 맹목적인 외국 제품 수입, 그리고 유행 사업 아이템 모방이 만연해지고 있는 실정이다. 기업 성공을 위해 불철주야 노력하다 보니 이와 관련된 교육은 뒷전으로 미루어둔 것이 화근이었다. 참으로 안타까운 일이 아닐 수 없다. 만일 우리 부모 세대의 기업인이 영속적인 기업 성장을 절실히 원한다면 자녀와 직원에게 실패와 좌절을 넘어선 도전 자세를 가르쳐주어야 한다.

4차 산업혁명 시대의 가능성, 장수기업에 미래가 있다

4차 산업혁명의 진원지인 스위스의 다보스포럼은 글로벌 100대 기업의 지표로 효율적 리스크 관리, 경영혁신, 리더십의 투명성 등 10개 항목을 들었지만 놀라운 것은 기업의 장기 생존을 결정짓는 핵심은 후계자 선택이 매우 중요하다는 것이고 업종의 변화, 기술의 발전 등 사업적인 요인은 그 비중은 낮다는 것이다.

기업 연구가들 사이에서는 기업들이 대를 이어 성공하지 못하는 이유의 60%가 후계자를 잘못 고른 탓이라는 게 정설이다. 사업적인 요인은 10~20%에 불과하다는 것이다. 후계자를 잘 고르면 사업적 요인에 대한 대처를 그만큼 잘 해서 기업 장수의 가능성을 높인다는 얘기도 된다.

"정량화해서 측정할 수 없으면 관리할 수 없다." 피터 드러커의 말처럼 상품도, 무형의 상품인 서비스나 전통도 본격적인 관리의 시대가 되었다. 이러한 이유로 최근 대형 상권보다 골목상권이 뜨고 있다.

이러한 배경에는 스마트폰을 이용한 '지도 앱'을 통한 위치 검색과 소셜 미디어를 통한 SNS 공유 문화 발달이 있다. 맛집 정보와 볼거리, 이색 구매거리 등 개인이 경험한 정보와 그에 대한 가감 없는 평가를 게재하는 문화가 일상화되어 골목길 상권을 발전시키는 데 큰 역할을 했다.

어디서나 쉽게 이용할 수 있는 지도 앱의 위치 검색 기능을 통해 골목길이라는 접근성에 한계를 극복한 것도 골목길 상권의 활성화에 기여했다.

맛을 찾아 전국을 누비는 골목여행이 유행처럼 번지는 것이 요즘 트렌드다. 이러한 영향으로 지방의 한계성을 극복하여 100년 장수기업으로 나아갈 수 있게 되었다.

| 장수기업 성장의 요인은 무엇? |

한국의 최장수 기업

가족 경영의 지속성을 기준으로 보면 1896년 박승직상점으로 시작한 두산그룹이 2대 박두병 회장을 거쳐 3대로 내려오면서 최장수 기업의 명예를 차지한다. 다만 박승직상점이 1945년 문을 닫은 후 1946년 두산상회로 재창업하는 과정에서 기업의 연속성이 깨진 까닭에 기업의 사업자 등록 시점을 기준으로 하면 1897년에 한성은행이라는 이름으로 시작한 조흥은행이 최장수 기업이다. 조흥은행은 2004년 신한은행에 매각되면서 경영권의 승계가 무너졌다. 다만 이때 조흥은행을 인수한 신한은행이 역으로 조흥은행으로 편입된 다음 조흥은행의 이름을 신한은행으로 바꿨기 때문에 신한은행을 최장수 기업이라고 할 수 있다.

활명수로 유명한 동화약품은 1897년 동화약방이란 이름으로 시작한 최장수 제조기업이고, 몽고간장으로 유명한 몽고식품은 1905년 마산에서 시작한 최장수 지방기업이다. 대기업으로는 1919년 시작한 경성방직, 1924년 시작한 삼양사, 1926년 시작한 유한양행을 들 수 있다.

이제는 자녀들에게 사업을 물려주기 위해 전력투구하는 시대가 왔다. 앞으로 1000년 후에는 우리나라에도 1000년 기업이 나오기를 기대해 본다.

일본에 장수기업이 많은 이유

"내년을 생각하면 돈을 남기고, 10년 후를 생각하면 땅을 남기고, 100년 후를 생각하면 사람을 남겨라"라는 일본 속담이 있다. 100년 이상 된 기업을 '시니세老鋪'라 하며 "전의 사람이 하고 있던 것을 동일하게 한다는 의미"로 선조의 가업을 지속하는 것을 나타내는 말이 있을 정도로 일본은 장수기업이 많다.

2008년 8월 일본 도쿄 상공 리서치에 따르면 창업 100년을 넘는 기업은 전국에 2만1,066개, 창업 1000년을 넘는 회사는 8개인 것으로 나타났다. 세계적으로 200년 이상 된 기업의 약 45%가 일본에 있다. 그 중 98% 이상이 중소기업이었다.

일본 장수기업은 매출액 1조 원 이상의 대기업도 적지 않지만 소매업 중심의 중소기업이 대부분이다. 이들 일본 강소기업들의 힘은 오래전부터 이어져 온 '모노즈쿠리장인정신'에서 찾을 수 있다. '모노즈쿠리' 는 물건을 의미하는 '모노' 와 만들기를 의미하는 '즈쿠리' 가 합쳐진 말로 '물건 만들기' 를 뜻한다. 후지모토 다카히로 동경대 교수는 그의 저서에서 제조업에 강한 일본기업의 특징을 이 용어에서 찾는다. 최근에는 모든 산업 분야와 공정에 모노즈쿠리를 접목한 '열린 모노즈쿠리' 로 진화하고 있다. 2013년 한국은행의 발표에 따르면 국내 320만 개 중소기업의 평균 수명은 12.3년이었던 반면 일본은 기업의 평균수명이 35.6년이다.

일본 정부는 지난 2006년 이른바 '모노즈쿠리법' 을 제정했다. 중소 제조업의 국제경쟁력을 강화하기 위해 기술집약적인 기업에 정책 자금을 최대 30억 원, R&D비용을 3년간 최대 10억 원 정도 지원하는 제도다.

장수기업을 장려하는 일본 문화와 정책

일본에는 장수기업을 장려하는 문화가 조성되어 있다. 1970년 일본 교토부는 개청 100주년 기념사업 발간물을 통해 '시니세' 란 용어를 제시했다. '시니세' 는 '대대로 내려온 신용 있는 가게' 를 뜻하며 창업한지 100년이 넘은 기업을 말한다. 시니세는 일본에 2만여 개가 존재한다.

1430년의 역사를 자랑하는 사찰 건축 전문회사는 콘고구미다. 578년 쇼토쿠 태자의 초청으로 백제에서 건너온 유중광콘고 시게츠미이 콘고구미를 설립했다. 1995년 고베 대지진 당시 건물 16만 채가 전소되었지만 콘고구미가 지은 고베시 가이코잉 대웅전은 아무런 손상 없이 버텨내 화제가 되기도 했다.

시니세 기업가들은 한 설문조사에서 '앞으로 살아남기 위해 필요한 것은 무엇인가'라는 질문에 대해, '신뢰 유지 및 향상65.8%'과 함께 '진취적인 기질45.5%'이라고 답변했다.

〈일본 장수기업 상위 10대 기업〉

순위	기업명	업종	창업연도
1	콘고구미	목조건축공사	578년
2	이케노보카도카이	생화교수	587년
3	니시야마온센케이운칸	여관 경영	705년
4	소만	여관 경영	717년
5	젠고로우	여관 경영	718년
6	타나카이가부구텐	불교가구 제조	885년
7	나카무라샤지	건축공사	970년
8	슈미야싱부구텐	불교가구 소매	1024년
9	스도우혼켄	청주 제조	1141년
10	쓰우엔	차 제조 판매	1160년

(자료: 제국 데이타뱅크)

〈창업 기간별 기업 수〉

(단위: 개, %)

창업 기간	기업 수	구성비
100~150년 이하	20,056	90.3
151~200년 이하	972	4.4
201~300년 이하	586	2.6
301~400년 이하	414	1.9
401~500년 이하	152	0.7
500년 초과	39	0.2
합계	22,219	100

- 창업 500년 이상 기업 : 39개 사, 전체의 0.2%를 차지함.

- 창업 100~150년 : 2만 56개 사로 전체의 90% 이상을 차지함. 에도시대 말부터
  메이지 후기에 걸쳐 창업한 기업이 많음.

- 창업 300년 이상 기업 : 605개 사로 전체의 2.7%.

〈업종별 기업 수〉

(단위: 개, %)

업종	기업 수	구성비
건설업	1,975	8.9
제조업	5,447	24.5
도매업	5,216	23.5

- 업종별로 소매업이 6,279개 사로 전체의 28.3%를 차지함. 사케전통주 소매, 일본 옷
  이나 옷감을 파는 소매 등이 많음. 두 번째로 많은 업종은 제조업으로 5,447개 사, 전
  체의 24.5%를 차지함. 제조업 중에서는 청주나 전통과자 제조 등이 눈에 띔.

소매업	6,279	28.3
운송, 통신업	272	1.2
서비스업	1,893	8.5
부동산업	745	3.4
기타	392	1.8
합계	22,291	100

□ **일본 장수기업들의 특징**

1) 1990년대 이후 불황의 시기를 적극적인 경영 혁신으로 극복함.

2) 필요한 인재의 확보와 육성에 임하고 사원을 소중히 여김.

3) 상기 1, 2의 경영을 실시하고 이어갈 후계 경영자가 있음

〈출처: 호우세이대학 쿠보타 쇼우이치 교수 연구자료〉

이렇게 장수기업이 일본에 많은 이유에 대해서는 "경영이나 종업원 중시 등 일본형 경영의 장점을 가지고 있기 때문"이라는 분석이 있다. 대를 이어 물려 내려오는 가게인 '노포'가 일본의 장수 기업 문화의 핵심이다. 오래된 가게들의 상도 유전자가 중소기업과 대기업으로 이동했다는 것이다.

흥미로운 것은 오사카, 교토, 오미, 나고야, 도쿄 등 5대 지역에 100년 이상 된 노포들이 많다는 점이다. 일본의 대표적인 상인은 그들이 뿌리 내린 지역에 따라 5대 상인으로 나뉜다. 400년 전통의 오사카 상인은 도요토미 히데요시 시대부터 도쿠가와 이에야스 시대에 걸

쳐 정책적으로 육성되어 '일본 경영의 신' 인 파나소닉의 창업주 마쓰시타 고노스케를 배출했고, 천년 전통의 교토상인은 천년고도의 자부심과 전통으로 닌텐도, 교세라, 무라타제작소 등 세계 최강의 강소기업을 키워 냈다. 일본의 개성상인인 오미 상인은 모기장 행상으로 시작해 일본 안팎 곳곳에 진출해 합자, 회계, 마케팅, 유통에서 상재를 보여주고 있으며 세계최대의 보험회사인 일본생명, 이토추상사, 세이부그룹 등을 만들었다.

일본 경제의 혼인 나고야 상인은 도요타자동차, 신일본제철, 혼다자동차 외에 세계 최강의 부품기업인 덴소 등을 키웠고. 도쿄에서 100년 이상 장사해온 긴자 상인은 소니와 화장품의 시세이도를 비롯, 긴자의 명품가게 400곳 이상을 탄생시켰다.

일본 장수기업의 경영 비결 5가지

이들 기업들의 경영기법 이면에는 1000년을 번영해 온 가게들의 비밀들이 숨어 있다. 그 바탕 아래 기존의 상식 따위는 과감히 파괴하고 독창적 경영기법을 개발하여 해당 분야에서 세계 1위가 되었다. 그 결과 일본의 '잃어버린 20년' 동안 대기업들이 흔들리고 있을 때도 연간 30%에 가까운 고성장을 이루어 왔으며 지금도 여전히 성장하고 있다.

왜 일본에는 유독 장수하는 중소기업이 많을까? 연구에 따르면 여기에는 다섯 가지 이유가 있다.

첫째, 업(業)에 대한 자부심이 강하다.

명문대학을 나왔지만 잠시 대기업이나 관료 생활을 하다가 과감하게 포기하고 가업을 이어가는 일본인들이 많다. 내가 하고 있는 일에 대해 매력을 느끼고, 가업을 잇게 하고, 그게 이어져서 장수기업으로 발전했다. 창업자 후손들이 가업의 계승과 기업이념의 실현을 목표로 경영해왔다. 즉 가족으로 이어지는 후계 경영자들이 창업자의 경영철학과 기업이념을 실현하기 위해 노력해온 것이 장수기업이 된 가장 큰 이유다.

둘째, 고객들과의 약속을 소중히 한다.

세계에서 가장 오래된 기업인 콘고구미剛組는 우리나라에도 자주 소개되었는데, 백제에서 초청된 장인 유중광이라는 기술자에 의해 578년에 설립되어 약 1400여 년의 역사를 가지고 있는 기업으로서, "철저한 장인정신과 이를 인정해 준 고객들과의 신뢰관계"가 비결이라고 한다.

셋째, 기술을 중시한다.

일본에선 자손들이 가업을 물려받으며 성장해온 소규모 장수기업을 뜻하는 '시니세老鋪'는 보통 직원수 10명 이하로, 일본을 기술 중심의 중소기업 강국으로 만든 원동력이기도 하다. 시대의 변화를 읽고 기업 고유의 전문분야에서 다른 업체가 쉽게 따라올 수 없는 새로운 창의적 기술 개발로 성공을 거두는 것이 비결인 것이다.

넷째, '전통의 계승'과 '혁신'을 동시에 추구한다.

전통이라는 것은 고객제일주의, 품질본위, 종업원을 소중히 여기는 정신, 지역사회 공헌 등 근본적인 가치를 말한다. 혁신은 시대와 고객의 니즈에 맞는 신상품이나 새로운 서비스 개발, 신시장 개척, 신사업 진출 등을 말한다. 즉 정신적인 부분은 100년이 넘도록 지켜오면서 생산 기술, 시장 개발, 상품 개발 등의 물리적, 기술적 부분은 끊임없이 혁신해온 것이다.

예를 들어 이시카와현에 있는 150년 전통의 가가후후모로야란 기업은 요정이나 시장에 밀기울을 도매로 판매해 오다가 40여 년 전부터는 아예 관광객들을 위해 밀기울 요리 전문점으로 개점하였다.

'전통이란 혁신의 연속'이라는 선대로부터의 가훈은 경영학에 도입해도 부끄러울 것 없는 명언이다. 기업의 전통을 계승하기 위해 한 우물을 파면서도 자신들의 울타리 안에서 개발과 혁신을 멈추지 않고 끊임없이 변신하는 것이야말로 장수기업의 원칙이라고 할 수 있다.

다섯째, '사람 중심' 경영이다.

예부터 일본 상인들은 '돈을 남기는 것은 하下이고, 가게를 남기는 것은 중中이며, 사람을 남기는 것은 상上' 이라는 원칙을 고수했다고 한다. 눈앞의 이익보다 사람을 더 중시해 온 일본의 기업문화와 경영 철학이 일본 경제의 근간이 되면서 세계 경제 중심국으로 살아갈 수 있도록 하는 원동력이다. 그를 위해서 무엇보다도 오랜 세월 동안 최고의 상품과 서비스를 제공하는 '사람' 을 키웠기 때문일 것이다.

창업에서 장수기업으로 가는 선순환 구조

가족기업의 장수 비결은 창업자가 보여줬던 기업가정신과 경영철학이 어떻게 꾸준히 후대로 대물림돼 발휘되느냐에 달려 있다.

가족기업의 장점으로 경영자의 확고한 주인의식, 장기경영, 지속 가능한 성장을 위한 과감한 투자, 신속한 의사결정 등을 꼽는다. 세계적인 경영학자 짐 콜린스는 "월급쟁이 사장은 자신의 임기 중에 성과를 내려고 하지만 창업자는 오랫동안 수익을 내려고 한다."라고 말했다. 그리고 성공적인 가족기업 경영자는 인재제일육성이나 인재경영을 통해 직원들을 키우는 데 노력하고 미래를 위한 연구개발에도 아낌없는 투자를 하는 등 장기적인 성장을 위해 노력한다.

이는 화학비료와 퇴비로 비유한다. 단기적으로 빠른 성과를 내기 위해서는 화학비료가 효과적이겠지만, 자손대대로 이 땅을 남겨두기 위해서는 당장의 성과가 적어도 퇴비가 더 효과적이다. 땅의 힘을 길러주어 장기적으로 성과를 늘려나갈 수가 있기 때문이다.

장수기업이 일본에 유독 많은 이유로 전문가들은 2차 세계대전 패전국인 일본의 기업문화에 그 영향력이 있다고 본다. 명확한 기업이념과 경영원칙, 투철한 장인정신, 전통과 혁신의 조화, 유연한 시장 대응을 지목하고 있다.

그렇다면 유독 한국에만 장수기업이 없는 것은 왜일까? 일제강점기와 6·25로 인한 수탈 및 파괴를 겪으면서 자본주의 형성이 늦어졌다는 점과 유교적 관점에 인한 공상 계급에 대한 하대 풍조도 장수기업의 성장을 막는 요인으로 지목된다. 또한 높은 상속·증여세율과 까다로운 사후관리 요건으로 인해 사업을 포기하는 기업이 적지 않은 것도 현실이다.

피터 드러커는 "위대한 경영자의 마지막 과제는 승계"라고 주장한
바 있다. 기업 승계를 긍정적인 의미로 해석하자는 의미로 해석된다.
때문에 정부나 기업은 기업 승계의 핵심을 세금에서만 찾지 말고 우
리 경제의 지속성장 기반 마련과 기업가정신으로 다분화할 필요가
있다. 창업기업이 중견기업으로, 다시 장수기업으로 성장 발전할 수
있는 선순환 생태계 구축이 절실하게 와닿는 시점이다.

독일에 장수기업이 많은 이유

2008년 미국발 금융위기 당시 독일을 '녹슨 전차'에서 우등생으로 끌어올린 것은 독일 경제의 핵인 360만 '미텔슈탄트Mittelstand' 중소기업이다. 중소기업을 뜻하는 미텔슈탄트는 독일 내 총고용의 60.8%, 국내총생산GDP의 51.8%를 창출한다. 독일 경제의 핵심 역할을 하는 중견·중소기업. 제조업, 기술, 무역, 서비스 분야의 기업과 자영업자, 자유직업자의사, 법조인, 예술가 등, 농민을 모두 포함한다. 이들 기업은 제2차 세계대전 이후 초토화된 독일 경제를 부흥시키는 데 주도적인 역할을 해 왔다. 인지도는 낮지만 40억 달러 매출을 올리며 세계 시장 1~3위를 차지하는 '히든 챔피언'의 절대 다수도 미텔슈탄트이다.

독일의 중견기업이 장수하는 비결은 "코끼리가 춤추는 곳에서 춤추지 말라"는 말에서 찾을 수 있다. 중견·중소기업이 대기업이 노

는 곳에서 놀면 안 된다는 뜻이다. 장수하는 독일 기업의 경우, 기술
력을 바탕으로 틈새시장을 개척한다.

2008년 금융위기후 영국의 EU유럽연합 탈퇴 등에도 여전히 독일은
성장세는 이어가고 있다. 서비스 강국이라 자부하는 영국, 프랑스 등
이 제정 위기에 크게 흔들린 시점에서 독일의 성장세는 더욱 돋보였
다. 독일은 2014년 이후 가장 낮은 실업률과 3년 내 최고치의 경제성
장률을 기록했다.

독일은 경상수지 1위 국가로 중국을 제치고 수출을 통해 가장 많은
이익을 남기는 나라다. 또 유럽 전체 제조업 부가가치의 30%를 차지
하며 세계시장 수출 점유율도 세계 3위에 올라 있다. 우리와 비슷한
제조업 중심 경제구조지만 독일은 수년간 유럽을 강타한 경제위기
속에서도 흔들리지 않고 홀로 흑자를 유지해왔다.

독일은 세계에서 제조업 경쟁력이 뛰어난 나라다. 벤츠, BMW,
아우디 등 명품 차의 대부분을 생산하고 있다. 그래서 전문가들은
독일 경제의 힘은 제조업으로부터 나온다고 말한다. 독일 기업 전
체의 99%에 달하는 중소기업이 독일 제조업의 중추적인 역할을 하
고 있다.

중소기업과 제조업에 집중

이들 기업은 규모를 키우는 데 집중하는 대신 직원에게 초점을 맞춘다. 사람에 대한 투자가 장기적인 기업 경영에 가장 중요하다는 인식에서다. 이들 기업에서 관리자의 역할은 직원을 돕고 성장시키는 것이다. 최고의 미텔슈탄트는 이직률이 2% 미만이다. 일반적인 독일 회사의 평균 이직률은 7%, 미국 회사의 평균 이직률은 30%다. 장기적인 고용 관계는 높은 성과의 핵심이다.

이 시대에도 가족기업은 전성기를 구가하고 있다. 15년 전 대략 1,000만 개에서 1,200만 개로 추정되던 가족기업의 수는 지금 2,000만 개에 이르고 있다. 또 1990년대 경영이 방만해져 통제가 불가능해 보이던 것이 더 건전하고 현명한 사람들에 의해 윤리적이며 핵심적인 가치를 추구하며 안정을 찾아가고 있다.

더욱 놀라운 사실은 가족기업이 세계 경제에서 차지하는 비중이다. 1980년대에 이미 전 세계 교역량의 75~90%가 이들에 의해 거래됐다. 가족기업은 세계 경제의 소수가 아닌 주류인 것이다.

독일 중견기업 연구소 자료에 따르면 독일 내 가족기업은 300만 개 정도로 전체 중소·중견기업의 약 90% 이상을 차지하고 있다. 또 독일 기업 전체 매출액의 41.5%와 고용의 57%를 책임지고 있기도 하다.

《히든 챔피언》 저자 헤르만 지몬은 히든 챔피언의 특징으로 여섯 가지를 제안했다.

1. 전 세계의 시장을 지배한다.
2. 눈에 띄게 규모가 성장하고 있다.
3. 생존능력이 탁월하다.
4. 대중에게 잘 알려지지 않은 제품을 전문적으로 생산한다.
5. 진정한 의미에서 세계적인 다국적 기업과 경쟁한다.
6. 성공을 거두고 있지만 결코 기적을 이룬 기업은 아니다.

유럽의 피터 드러커로 불리는 헤르만 지몬 교수는 2012년 전 세계 2,734개의 히든 챔피언 중 1,307개가 미텔슈탄트라고 했다. 히든 챔피언은 일반소비자에게는 잘 알려져 있지 않지만 세계에서 시장점유율 1~3위 또는 소속 대륙에서 1위를 차지하며, 매출액 40억 달러 이하인 우량 강소기업을 말한다.

독일 경제를 이끄는 강소기업 '미텔슈탄트'

독일의 미텔슈탄트가 우량 강소기업으로 성장할 수 있었던 데에는 역사적 배경이 있다. 19세기 독일 남부 농민들은 소규모의 토지를 소유하고 있었으며 자신들이 중산층이라는 의식이 강했다.

당시 독일에서는 재산소유자에게만 선거권이 주어졌으므로 농민들은 도시로 떠나 노동자가 되기를 기피했다. 이들은 독일 남부 농촌에서 하나의 집단을 이루며 유휴노동력으로 중소제조업에 뛰어들었다. 19세기에는 영국에서 산업혁명으로 저가 대량생산 제품이 쏟아지던 시기였다. 독일의 미텔슈탄트들은 영국산 제품과의 경쟁을 피하기 위해 고가의 맞춤형 제품 생산이라는 틈새시장을 개척했다.

미텔슈탄트는 '한우물 파기' 전략과 더불어, 기업 간 유기적 협력을 통해 성공했다. 2013년 현재 독일은 전국에 327개의 산업 클러스터가 존재하고 있으며, 독일 기계산업의 메카 슈투트가르트 자동차 클러스터의 경우 벤츠, 아우디, 다임러, 보쉬, 포르쉐 등 소수 대기업과 다수의 미텔슈탄트들이 부품협력관계를 지속하고 있다. 특히 기업 간 임금 수준이 유사하기 때문에 인력이동이 적어 숙련기능 인력을 양성하는 직업훈련시스템이 원활하게 작동하고 있다.

독일의 미텔슈탄트가 고도로 특화된 제품생산으로 세계시장에 진출하였다는 점을 들어, 한국의 중소기업도 세계시장에서 통할 수 있는 제품으로 '한우물 파기'에 나선다면 미텔슈탄트와 같이 성공한 장수기업이 될 수 있을 것이다.

틈새시장 개척과 한우물 파기 전략

독일은 제조업 강국이자 수출 강국으로서 지속적인 연구개발R&D 지출 확대와 기업·학계 간 협력을 통해 높은 산업경쟁력을 유지하고 있는 대표적 나라로 꼽힌다. 미텔슈탄트가 과반수를 차지하는 히든 챔피언의 평균 업력은 61년에 이르며 수출 비중은 62%다. 국제사회에서 독일이 중소기업 강국으로 꼽히는 가장 큰 비결은 첫 번째로, 바로 합리적인 법 체계다. 독일은 관료주의에 의한 비용과 폐해를 줄이기 위해 부단히 노력하고 있다.

두 번째로, 독일 중소기업의 가장 큰 특징은 가족기업이라는 점이다. 가족 경영은 기업이 위치한 지역과의 긴밀한 연계, 근로자와의 끈끈한 유대감을 이끌어내고 있다. 독일 중소기업은 대도시가 아닌 지방과 지역에 뿌리를 내리고 있는데, 지방정부와 자치단체는 '경쟁'을 통해 자기지역 기업에게 더 많은 인센티브와 유인 메커니즘, 풍부한 아이디어를 제공한다. 독일의 모든 주에는 히든 챔피언들이 자리 잡고 있다. 그중에서도 베를린, 함부르크, 브레멘을 제외한 나머지 주에 특히 많이 분포돼 있다.

세 번째로, 독일에선 자산에 부과되는 모든 종류의 세금이 중소기업의 건강한 발전에 독이 된다는 의식의 팽배해 있다. 이런 관점에서

2008년 개정된 독일의 상속세제는 중소기업의 가업상속 부담을 획기적으로 낮췄다는 평가를 받고 있다. 독일은 가업상속 후 경영기간과 고용유지 규모에 따라 가업상속자산의 85~100%를 한도 제한 없이 공제하고 있다. 가업상속 후 5년 간 가업을 영위하며 지급한 급여총액이 상속 당시 급여지급액의 400% 이상이면 85%를 공제하고, 7년간 가업을 영위하며 지급한 급여총액이 상속 당시 급여지급액의 700% 이상이면 100%를 공제하는 식이다.

〈독일 장수기업 상위 9대 기업〉

순위	기업명	업 종	창업연도
1	프림	단추,바늘, 전자부품	1530년
2	포쉥거	와인잔	1568년
3	베렌베르크방크	은행	1590년
4	에드마이어	수제화	1596년
5	프리드르	양조	1664년
6	머크	제약	1688년
7	츠빌링헨켈	칼	1731년
8	하니엘	유통	1756년
9	파버카스텔	색연필	1761년

(자료: 제국데이타뱅크)

세계 수출시장 점유율 1위 품목 수 (단위 : 개)	국가별 히든챔피언 기업 수 (단위 : 개)
1 중국 1485	1 독일 1307
2 독일 703	2 미국 366
3 미국 1485	3 일본 220
4 일본 1485	4 오스트리아 116
5 이탈리아 1485	5 스위스 110
⋮	⋮
14 한국 64	11 한국 23
자료 : 한국 무역협회 국제무역연구원	자료 : 헤르만 지본

|장수기업 성장의 요인은 무엇?|

전 세계 이름난 최장수 기업은?

유럽 지역엔 장수기업이 매우 많다. 200년 이상의 역사를 가진 기업만 유럽 내에 약 4,000여 개다. 독일이 가장 많고 프랑스가 그 다음이다.

유럽의 최장수 기업은 1000년에 시작한 샤토 드 굴렌Chateau de Goulaine이다. 이 회사는 프랑스 낭트 지역의 루아르 밸리에 있는데, 세계에서 가장 오래된 와인을 생산한다. 지금도 이 회사 이름이 붙여진 와인을 도매가격이 2만 원이면 살 수 있다.

이탈리아에서 가장 오래된 기업은 1141년에 시작한 바로네 리카솔리Barone Ricasoli란 와인 회사이고, 독일에서 가장 오래된 기업은 1304년에 시작한 필그림하우스Hotel

Pilgrim Haus란 호텔이다. 영국에서는 1541년에 시작한 존 브룩스John Brooke & Sons라는 양모회사, 스페인은 1551년에 시작한 코도르니우Codomiu라는 와인 회사가 제각기 최장수 기업이다.

미국에서는 1702년 시작한 로즈J E Rhoads & Sons라는 컨베이어벨트 제작 회사가 최장수 기업의 명예를 갖고 있다.

반면에 상대적으로 덜 알려진 중국의 최장수 기업은 얼마나 오래됐을까? 많은 사람은 중국이 공산주의 체제라는 선입견에서 덩샤오핑鄧小平 국가주석이 시장경제 체제를 도입한 1978년 이후에 시작했으리라고 생각하고, 40년 정도일 것이라고 추측한다. 실제로는 서기 1140년 쓰촨성四川省 이빈宜賓이란 곳에서 야오姚씨 가족이 시작한 우량예五糧液라는 양조회사가 중국의 최장수 기업이다.

왜 백년 빵가게에 주목해야 하는가

시간의 시험만큼 통과하기 어렵고 확실한 결과를 내놓는 것이 없다. 시간의 손을 거치면 변하지 않는 것이 없다. 이 시험을 통과하기 위해선 그만큼 유연해야 하고 또 단단해야 한다.

시간을 초월한 우리나라 7대 빵집으로는 군산 이성당, 순천 화월당, 서울 태극당, 목포 코롬방 제과, 전주 풍년제과, 대전 성심당, 부산 백구당 등이 있다. 대부분 지방에 위치했고 여행 트렌드와 맞물려 요즘 많은 사람들이 찾는다.

필자들이 여러 분야의 장수기업 중에서도 빵집을 주목한 이유는 다른 오래된 가게보다 더 풍부한 스토리와 장수기업의 조건을 가지고 있었기 때문이다.

이들 장수 빵가게들은 구도심과 함께 한 역사를 고스란히 간직하고 있었다. 근대화 유산이 남아있는 군산, 4대 관광도시인 전주 한옥

마을, 고창 선운사, 부안 변산, 새만금, 그리고 서천 국립생태공원……. 근대화의 발자취가 고스란히 남아 있는 곳에 현존하는 오래된 빵집. 100년 장수가게에는 그들만의 매력이 있었다.

현대 소비자의 다양한 니즈를 충족시키는 기업

요즘은 소비자들의 욕구가 십인십색十人十色에서 일인십색一人十色으로 변화하고 있다. 그만큼 수요가 다양해지고 있다는 것이다. 욕구가 다양해졌다는 것은 그만큼 까다롭다는 것이다. 그래서 마케팅이 필요하다. 이들 빵집들은 "평범한 가격으로 맛있는 빵을" 여전히 먹을 수 있도록 하는 것이 장수가게의 역할이라는 철학을 가지고, 가격은 대기업 프랜차이즈보다 비싸지 않지만 맛은 가격 이상의 가치를 가지고 있다는 '가성비에 충실하자'는 원칙을 창업 이래 유지해 왔다. 오랫동안 마케팅업에서 종사한 필자로서는 그 무게감을 충분히 느낄 수 있는 대목이다.

본래 마케팅이란 한마디로 "고객의 관심을 끌게 하는 모든 행위"를 말한다. 그런 점에서 전통을 넘어 전설이 되어버린 가게, 시간이 지나도 변하지 않는 맛, 장인의 손길에 깃든 특별한 기술과 스토리가 있어 오래된 고객들이 즐겨 찾는 장수 빵집에는 특별함이 있다. 100

년이라는 기간은 상징적이기도 하지만, 사업이나 장사를 하는 사람에게는 물질적 성공을 뛰어넘어 최고의 자긍심과 명예가 되는 기준이라고도 할 수 있다. 장수가게는 단지 베스트셀러가 아닌 바이블이 된다. 시간과 세대를 뛰어 넘는 가치를 실현한다는 것이다.

역사와 문화, 그리고 뛰어난 경영정신

6·25전쟁 후 숱한 어려움 속에서 살아남은 것이 바로 빵집이었다. 전국 장수가게 7개를 중심으로 장인의 손길에 깃든 문화 이상의 가치를 선보이는 철학, 그들이 보여준 현재와 미래를 통해 장수기업의 조건을 살펴볼 수 있다.

이들 장수 빵집들은 저마다 대표상품이나 서비스나 지역은 다르지만 신기할 정도로 비슷한 점이 많았다. '세대를 걸친 경영 영속성'과 '품질'을 중시하였으며 "사람이 곧 가게이고 기업이라는 생각" 즉 '진심'을 담았다.

이 책에서 소개하는 장수기업들은 한국 현대사의 굴곡을 거치고 한 세기를 살아왔다. 대다수 가게들은 규모가 작지만 그들이 가지고 있는 무게감과 꿈은 크다. 전국의 유서 깊은 빵가게들을 통해 이 땅의 자영업자와 중소기업들이 작지만 강한 기업으로 발전할 수 있는 비법을 배울 수 있을 것이다.

필자가 선정한 군산 이성당, 순천 화월당, 서울 태극당, 목포 코롬방 제과, 전주 풍년제과, 대전 성심당, 부산 백구당은 창업 최소 50년 이상으로 다음과 같은 조건을 모두 갖추었다.

- 대한민국에서 시장을 리드한다.
- 생존 경쟁력이 매우 뛰어나다.
- 규모는 작지만 성장세가 무섭다.
- 자신만의 제품을 생산한다.
- 글로벌기업과 국내 대기업과 경쟁한다.
- 의미있는 성공을 거두었지만 비겁하지 않고 정의롭고 당당하게 경쟁한다.
- 자신만의 스토리가 있다.

다음 장에서는 이들 장수기업들이 어떤 경영 노하우와 스토리를 갖고 있는지를 더 구체적으로 살펴보도록 하겠다.

4장
.
.
대한민국 대표 빵집을
통해 본 장수기업 모델

대한민국을 대표하는 7개의 빵집

2011년 KBS에서 전 세계 16개국 29개의 100년 장수가게의 성공조건에 대하여 제시한 바 있다. 매출액이 몇 천억 원 되는 기업이 있고 100년을 넘어선 기업이 있다면, 100년을 해온 기업이 더 가치가 있다. 그런 가치를 가지고 경영하지 않으면 100년의 기업이 될 수 없다.

장수가게의 조건으로는 "세월을 지나면서 습득한 기술력, 경쟁력, 최고의 품질만을 추구하는 정신, 끊임없는 혁신"이다. 이 책에서 제시한 빵집들은 이러한 조건들을 가지고 있다.

장수 나무만 연구하는 에드먼드 슐먼은 "열대 우림 같은 곳에서 빠르게 맹렬하게 자란 나무가 오래 살 것 같지만 실제로는 적대적인 환경에서 서식하는 나무들의 수명이 훨씬 길다."고 하였다. 마찬가지로 이 책의 빵집들은 한 세기를 거쳐 생존한 끝에 대한민국 최고의 장수기업들이 되었다. 필자들이 꼽은 7개의 빵집은 다음과 같다.

1. 군산 이성당李姓堂

우리나라에서 가장 오래된 제과점. 일본인 히로세 야스타로가 1910년에 개업한 '이즈모야'가 전신이었다. 군산에는 일제 강점기에 운영되었던 제과점 이즈모야出雲屋의 이야기가 전해지고 있다. 해방 후 이성당의 초대 사업주 이석호 씨는 이즈모야 근처에서 조그마한 과자점을 운영하고 있었다. '이李씨 성을 가진 사람이 운영하는 집' 즉 '이성당李姓堂'이라고 불렀다. 나중에 이성당을 이종사촌간인 오남례 사장의 남편에게 넘겨주었다. 오남례 사장은 3대 사업주이고 이제는 고인이 되었으며 지금은 며느리인 김현주 씨가 이성당의 4대 사업주이다. 대표 메뉴는 앙금빵과 야채빵이다. 전국 최초로 쌀가루를 사용하여 단팥빵을 만들었다.

2. 순천 화월당花月堂

1920년 일본 시마네 현의 고바야시가 가족을 이끌고 순천에 이주하여 문을 연 것이 화월당 과자점의 시작이다. 고바야시는 원래 건축 기술자였지만 이곳에 와서 일본인이 즐겨먹는 모찌를 만들어 팔기 시작했다. 1928년 여기에서 점원으로 일하던 전남 승주 사람인 조천

석 사장이 15세의 나이로 이 가게에 취직했다. 그는 근면하고 성실한 사람으로 인정받았다. 그가 인수해 1대 사장을 지내고 지금은 2대 사장 조병연 씨가 아들과 함께 운영 중이다. 대표 메뉴는 딱 두 가지, 팥이 들어간 하얀색 모찌와 볼카스테라다.

3. 서울 태극당太極堂

서울에서 가장 오래된 빵집으로 1946년에 명동에서 처음 문을 열어, 1945년 군산에서 개점한 이성당에 이은 전국에서 두 번째로 가장 오래된 곳이다. 2013년 93세를 일기로 작고한 고 신창근 창업주에 이어 그의 아들 신광열 사장이 1999년부터 2대 사장을 역임해오고 있다. 지금은 신 사장 세 자녀도 태극당에서 일한다. 1남2녀 중 막내이자 장남인 신경철 전무는 대학 졸업 후 2011년부터 태극당 운영을 맡고 있다. 작년부터 두 누나인 신혜명 실장과 신혜종 대리도 다니던 직장을 관두고 태극당에 들어와 동생 일을 돕고 있다.

1953년 현재의 장소로 이전하였는데 1946년 개점 이후 주로 양갱과 전병을 팔다 1947년 내놓은 '모나카 아이스크림' 이 대박을 터트리면서 입소문이 나기 시작하였고 남대문, 종로, 을지로까지 지점을 내기도 하였다. 명동 본점이 1973년 현재의 장소로 이전하였다. 카스테라, 야채사라다빵, 옛날식 버터크림이 듬뿍 올라간 몽블랑 등이 대표 아이템으로 꼽힌다.

4. 목포 코롬방colombang

1949년부터 목포 역 앞에서 영업한 코롬방 제과는 비둘기를 뜻하는 프랑스어 '콜롱브Colombe'에서 가게 이름을 따왔다. 코롬방의 모든 제품은 방부제와 화학첨가제를 넣지 않는 것이 원칙이다. 투박한 모양의 케이크부터 단팥빵, 꽈배기, 크림빵 등 향수를 자극하는 옛날 스타일의 빵이 가득하다. 우리나라에서 가장 처음으로 생크림을 사용한 것으로도 유명하다. 1인당 2개로 제한된 새우바게트와 크림치즈바게트가 대표 상품이다.

5. 전주 풍년제과PNB, 豊年製菓

1대 창업주 강정문 씨는 일제강점기인 1926년 일본인에게 센베와 제빵 기술을 배워 1940년 간판 없이 센베 과자점을 개점하였다. 1951년 전주 중앙동 3가에서 풍년제과를 개업했고 1958년 전국 최초로 소프트 아이스크림 기계를 도입하여 소프트 아이스크림을 판매하였다. 1978년 전주시 경원동 1가 40-5번지_{지금의 본점}로 확장 이전하면서 2대 강현희 씨에게 승계하여 처음 초코파이를 개발하여 이제는 수제 초코파이와 수제 선베 과자가 대표 상품이다. 2001년에 창업 50년을 맞이하여 PNB로 개칭하였다.

6. 대전 성심당聖心堂

1956년 대전역 앞 찐빵집으로 1대 창업주 임길순 씨가 시작했다. 대한민국 제과사업의 선두두자로 'Nature, Tradition, Health' 라는 슬로건으로 성장하고 있다. 1981년 2대 임영진 대표가 운영중이다. 1983년 전국 최초로 포장 빙수를 판매했고, 2011년 세계적인 맛집 안내서 '미슐랭 가이드' 에 국내 빵집 중 처음으로 이름을 올렸다. 2014년에는 대전을 찾은 프란체스코 교황의 식사를 제공하기도 했다. 판타롱 부추빵과 튀김 소보로가 대표적인 빵이다.

7. 부산 백구당白鳩堂

1959년에 생겨난 백구당의 백구白鳩는 흰 갈매기를 의미하며 간판에 흰 갈매기가 그려져 있다. 현 백구당 옆 건물을 소유하고 있던 조재붕이 부산의 정치와 경제의 중심지였던 중구 중앙동에 양식 제과점을 만들기 위하여 자신의 자본금으로 1층에는 백구양과, 2층에는 백구다방을 건립하였다.

1959년 중구 중앙동 4가에 백구양과로 개업하였다. 1964년 박문자 김재봉의 조카딸·조병섭 부부가 이어받았고, 1971년 뉴파리양과로 변경하였다. 1978년 박정희 정권의 한글 전용 정책으로 백구당으로 변경하였다. 1992년 중구 중앙동 4가 31-1번지로 이전하였고, 여러 번의 증·개축이 있었다.

2010년 한국제과기능장협회가 주최한 '2010 베이커리 페어' 경연대회 일반 빵 부문에서 '쑥쌀식빵'으로 금상을 수상하였고, 2011년 대한제과협회가 주최하고 미국유제품수출협의회가 주관한 '제3회 미국 유제품 베이커리' 경연대회에서 구움과자 및 파이로 동상을 수상하였다. 2012년 '제4회 미국 유제품 베이커리' 경연 대회에서는 빵 부문과 구움 과자, 파이로 장려상을 수상했다.

2017년 현재 조병섭2대 대표의 장남인 조재붕이 백구당을 운영하고 있다. 부산 최초 윈도우 베이커리이면서 부산에서 가장 오래된 빵집이다. 대표적인 것은 옥수수 콘 샐러드가 들어 있는 크로이즌과 세리지에 페스츄리, 통단팥빵 등이다.

빵과 사람을 향한 경영철학

　이성당과의 첫 만남은 몇 해 전 지인으로부터 받은 단팥빵이었다. 그러다 근무하는 직장이 군산으로 발령이 나면서 이성당을 좀 더 깊이 알게 되고 이성당의 이상한 매력이 필자의 마음을 붙잡았다.

　처음 군산에 갔던 시기는 2014년 겨울이었다. 군산은 유독 바람이 많고 추워 감기를 달고 살기도 했다. 사무실이 있는 중앙동 근처 영동상가에서 시간이 나서 주변을 걸어가다가 희한한 광경을 목격하였다. 오후 1시쯤, 날씨가 제법 쌀쌀하였는데도 불구하고 이성당 빵집 옆으로 길게 줄을 선 사람들이 보였다. 처음 본 광경에 의아했다.

　'날씨도 좋지 않은데 왜 줄을 서서 빵을 사지?'

　가족, 연인, 할아버지, 중년 부부, 대학생 등 다양한 연령층의 사람들이 마치 콘서트 티켓을 구매하는 사람들처럼 들떠 있었고, 불만보다는 기다림 자체를 즐기는 표정이었다. 나도 모르게 한참을 지켜보았다.

빵 하나 사러 전국에서 몰려들다

이성당 앞에 길게 늘어선 줄에 있는 여행객에게 "어디서 오셨어요?" 물어보면 전국 각 도시가 다 나온다. 빵 하나 사먹기 위해서 전국 방방곡곡을 찾는 수고를 마다하지 않는 식도락 여행가부터, 근처에 여행을 왔다가 들르는 사람, 동네 사람들까지 그야말로 전국 각지에서 몰려온다.

이성당의 대표적인 빵인 단팥빵, 앙금빵, 야채빵 등은 한국 사람들이 주로 선호하는 빵으로, 특히 팥 앙금이 가득 들어간 단팥빵은 서구에서 볼 수 없는 동양만의 독특한 빵이다. 단팥빵은 서구의 빵이 일본으로 전해지는 과정에서 일본인의 입맛에 맞게 변형되어 탄생한 것이다. 그 후 일본의 단팥빵이 한국에 전해지면서 우리들의 입맛에 맞게 변형되어 한국의 대표적인 빵으로 자리 잡았다.

이성당은 원래 일본인 히로세 켄이치가 운영하던 이즈모야 가게였다. 이즈모야의 인기 상품은 앙금빵, 크림빵, 찹쌀 과자인 에비아라레 등이었다. 1945년 일본이 패망할 때까지 명치정 1가 현 군산 중앙동 1가에 있었다. 현재 이성당이 자리하고 있는 곳이다. 한 장소에서 제빵의 역사가 100년 이어진 것이다.

15세까지 한국에서 살다가 1944년 해방 전에 일본으로 간 히로세 츠루코이즈모야 초대 사업주 손녀딸가 1981년 37년 만에 50세 기념 여행 차 군산을 방문하여 현 이성당 대표 김현주 사장의 시어머니인 오 남례 사장을 만났다. 1981년에는 지금과 같은 상호는 없었고 "이성 당 BAKERY"라는 간판을 당시 사업주 조성용 사장이 직접 달았다 고 한다.

김 사장은 "2000년대 초에는 앙금빵을 하루에 2,000개 정도 팔았는 데, 지금은 그 10배가 넘는 20,000개 이상을 팔고 있다"고 한다.

|장수기업 성장의 요인은 무엇?|

빵 맛을 지키기 위한 부단한 노력

이성당의 팸플렛에는 단팥빵 보관방법이 이렇게 기록되어 있다.

"냉동보관하시고 드실 때는 1~2시간 전에 미리 꺼내서 상온에 두시면 말랑말랑해집 니다. 드시다 남은 빵은 즉시 냉동보관하십시오"

이는 빵 맛을 지키려는 이성당의 세심한 배려다. 택배로 구입할 수 있는 빵은 단팥빵 뿐인데, 야채빵은 유통시 상할 수 있기 때문이다. 이러한 안내와 배려에는 빵에 대한 강한 자부심이 전제되어 있다. 또한 리콜에 대한 부담과 위험을 사전에 방지하려는 노력의 일환이기도 할 것이다.

주방에 가면 약 30명의 제빵사들이 약 200 종류의 빵을 만든다. 경력 20년 이상 되는 제빵사는 가장 효자 메뉴인 단팥빵 맛을 유지하기 위해서 재료를 아끼지 않는다. 맛에 있어서만큼은 양보도 절약도 하지 않는다. 이는 10년 전의 위기를 극복하게 한 힘이기도 했다. 처음 쌀 빵을 만들었을 때도 시행착오가 많았다. 많은 연구와 실패를 통해 밀가루 빵 못지않은 식감의 빵을 만들 수 있었다고 한다. 빵 맛을 완성시키기 위해 제조시설 현대화에도 투자를 아끼지 않았다. 야채빵도 지금의 맛을 내기 위해 1년을 연구했다.

30년 동안 똑같은 맛을 낼 수 있었던 것은 재료와 제조방법을 기록해둔 빵 제조 레시피 덕분이라고 한다. 또한 빵 맛을 위해 방부제를 쓰지 않는 것을 원칙으로 한다.

고정관념을 탈피하고
본질에 충실하다

군산은 과거와 현재 그리고 미래가 존재하는 도시다. 잊고 싶지만 잊지말아야 할 과거가 있는 곳, 같이 해야 할 현재가 있는 곳, 그리고 함께 가야 할 미래가 있는 곳. 지금은 평화로운 골목에 볼거리가 가득하지만 100년 전 이곳은 가진 자와 뺏긴 자, 넘치는 자와 굶는 자가 공존하는 격랑의 공간이었다.

군산에 고스란히 남아 있는 근대화 유산들과 더불어 전국 4대 관광도시인 전주 한옥마을이 바로 옆에 있고, 고창 선운사, 부안 변산, 새만금 그리고 서천 국립생태원이 관광벨트가 되어 있어 명실공히 군산은 대한민국 관광수도가 된 셈이다.

줄 서서 빵을 구입하는 가게는 프랑스에도 있다. 조그마한 빵 가게에서 연 천만 달러 매출을 올린다. 그 주인공은 '리오넬 푸알렌' 이라는 효모빵집이다. 유기농 밀가루를 사용하여 발효제, 바다 소금, 물을 첨가하여 오븐에 구워 빵을 만든다. 커다란 효모빵을 사기 위해 작은 가게 앞에는 매일 아침 사람들이 장사진을 치고 있다. 이성당도 바로 이런 진풍경을 만든다.

필자는 사무실에서 가까운 이성당에 시간 나는 대로 가서 빵도 먹고 차도 마시고 사람들과 만났다. 그러다 보니 이성당의 에너지를 직접 눈으로 보고 귀로 듣고 온몸으로 느꼈다. 김현주 사장과 몇 번의 만남을 통해 이성당의 역사와 운영에 대해 들으면서 이성당에 대해 더 많은 관심을 갖게 되었다.

대기업 브랜드와 다른 독특한 성공 사례

필자가 이성당에 매력을 느낀 이유는 다음과 같다.

첫 번째, 고정관념에서 탈피하여 대기업 브랜드가 아닌 독자 브랜드로 여느 동네 빵집과는 다른 성공을 보여주었기 때문이다.

두 번째, 김현주 사장이 지닌 성공 철학이었다.
그의 성공 노하우는 전 세계 장수기업의 성공 조건의 하나인 '본업에 충실한 경영'이었다. 기본을 유지하고 오래 실행한다는 것은 쉬운 것 같아도 실제로는 무척이나 어려운 일이다. 그가 장사를 잘할 수 있는 복잡한 이론과 마케팅을 아는 건 아니었지만 필요한 것이 이미 김현주 사장에게 내재화되어 있고 이성당에 고스란히 문화로 자리 잡고 있었다. 한마디로 시간을 통해 만들어지는 기본에 충실한 마케팅이야말로 최고의 성공을 약속하는 지름길임을 증명해보였다. 필자가 30년 동안 금융기관과 마케팅 현장에서 일하면서 많은 기업과 창업과 성공 그리고 실패를 봐왔지만 이성당 같은 경우는 본 적이 없었다.

세 번째, 결코 유행을 좇지 않고 사람들과 함께한다는 것이다.

이성당이 오랫동안 사랑받을 수 있는 것은 사람을 중시하기 때문이다. 이성당은 건강에 좋은 정직한 빵, 솔직한 가격을 고집할 뿐만 아니라 일주일에 한두 번씩 지역사회 고아원과 양로원 그리고 종교단체에 빵을 기부하고 있다. 팔고 남은 빵을 기부하지 않고 새로운 빵을 만들어 기부한다. 김 사장은 "내가 제일 잘할 수 있는 일이 빵을 만드는 것이니 그런 기부라도 할 수 있어 다행"이라고 한다. 김 사장의 빵 기부를 보면 그의 남다른 철학을 엿볼 수 있다.

김 사장의 시아버지인 조천형 사장은 이성당이 크게 된 것은 지역주민들의 관심과 사랑 때문이었다는 생각에 지역의 불우한 학생을

143

돕기로 하고 학교등록금 지원 등 공헌활동에 앞장섰다. 그렇게 시작된 사회공헌은 대를 이어 며느리인 김 사장에게도 이어지고 있다.

이 같은 지역사회 공헌은 현재 국내 유명 카페와 제과점 등에서 사용하는 팥소의 70% 이상을 만드는 대두식품을 운영하는 김 사장 남편인 조성용 현 대두식품 사장에게로 이어진다. 조 사장은 1988년 팥소를 전문으로 생산하는 대두식품을 창업하여 건실한 중견기업을 만든 공로로 2012년 중소기업중앙회와 중소기업청이 선정한 '자랑스러운 중소기업인' 으로 선정되기도 했다.

이처럼 이성당은 그 어떤 이론보다도 강력하고 그 무엇보다도 신선한 휴먼 스토리와 나눔 정신을 가지고 있기에 장수기업으로 성장할 수 있었다.

위기를 성장의 기회로

대기업 프랜차이즈 베이커리들은 본사에서 완제품을 배달하기 때문에 특별한 제조 기술을 요하지 않는다. 그래서 창업이 손쉽다. 반면 동네가게들은 제품 개발이나 마케팅을 직접 해야 생존이 가능하다. 그렇기 때문에 동네 빵집들에게는 수많은 위기가 닥쳐온다.

성심당도 지금의 임 대표가 젊은 시절 큰 위기를 겪었다. 한번은 빵 기술자가 전부 사라지는 시기가 있었다. 이런 위기는 임 대표가 제빵 기술을 배우는 계기가 되었다. 사업 부진으로 매출은 줄어들고 부채는 늘어가던 2005년, 창업 50주년을 한 해 앞두고 화재로 성심당이 하루아침에 잿더미가 된 사건도 있었다.

이성당도 예외가 아니었다. 첫 번째 위기는 2000년 초반 군산시청이 중앙로 시절을 마감하고 이전하면서 상권이 급격하게 가라앉았다. 적자가 4년 가까이 지속됐다. 이 어려움을 극복하기 위하여 주력

상품의 업그레이드와 신상품 개발이라는 두 마리 토끼를 승부수로 떠웠다. 전통적인 단팥빵, 야채빵, 고로케 등은 유지, 발전시키면서 젊은 층이 선호하는 신상품 개발에 박차를 가했다. 김 사장의 전략은 적중했다. 기존 제품과 더불어 새로운 제품은 젊은 세대들에게 큰 인기를 얻었다.

두 번째 위기는 웰빙 바람으로 건강한 먹거리에 대한 소비자의 트렌드 변화였다. 그 결과 2006년엔 국내 최초로 쌀 빵을 만들었다. '100% 쌀가루 반죽' 이라는 이성당의 새로운 정체성을 만들었다. 쌀빵은 웰빙 트렌드를 타고 큰 성공을 거뒀다.

세 번째 위기는 수도권 소비자들의 접근성에 대한 고민이었다. 이를 해결하기 위하여 지역구에서 전국구로 변신할 수 있는 절호의 기회로 활용하였다. 이제는 서울 잠실과 천안에 직영점을 개설하여 전국구로 변신하고 있다. 단순히 수적 증가보다는 소비자들과 만날 수 있는 기회를 확대해 나가는 과정이다.

위기가 오히려 정체성을 만든다

이성당의 브랜드라면 프랜차이즈도 충분히 성공 가능할 텐데 김현주 사장은 고개를 젓는다. "외연 확장보다 한 끼 식사가 될 건강한 빵을 많은 사람들이 먹는 게 제 꿈입니다."

이성당은 이렇게 한국 빵의 역사를 그려왔고 지켜왔다. 이런 이성당의 소문은 전국을 강타했다. 신세계백화점과 롯데백화점의 끝없는 제안으로 결국 군산의 명물이 서울 롯데백화점 잠실점에 입점을 하였다. 팝업 매장을 열기 위해 당시 롯데백화점 담당자는 군산을 무려 약 30번 이상 오가며 김현주 사장을 설득했다. 이성당 팝업스토어가 열린 일주일 동안 매출 2억4,000만 원이란 신기록을 세웠다. 백화점 측도 놀랐다. 하루에 단팥빵만 1만2,000개가 팔렸다. 빵을 사기 위해 3시간씩 기다리는 진풍경이 벌어졌다.

많은 기업들이 경영환경 변화 속에서 잘 적응하면 생존하고 그러지 못하여 역사 속으로 사라진다. 제과제빵 산업도 심지어는 일본이나 유럽, 미국 등지의 세계적인 브랜드와 무한경쟁을 해야 하는 시대다. 그러나 이성당의 위기는 또 다른 성장 가능성을 보여주었고 한 우물만 파면 성공한다는 장수기업의 성공 요인을 입증한 셈이다.

스토리와 역사를 고스란히 간직한 빵집

순천 화월당은 전주 한옥마을이 관광지로 주목 받은 2012년을 기점으로 전주 풍년제과와 군산 이성당이 주목받은 것처럼, 화월당도 순천만이 국가정원으로 지정되고 여수 해양엑스포가 개최된 2012년 이후 여수 관광객 1천만 시대가 열린 후 재조명되었다. 대기업들의 골목상권 난립으로 동네 빵집들이 죄다 구닥다리로 내몰려 사라지고 나자 의외로 더 알려진 집이란 점이 더욱 흥미롭다.

화월당이 명성을 되찾은 것은 순식간의 일이었다. 어떻게 화월당을 모르던 젊은층과 프랜차이즈 시스템에 입맛이 식상해진 사람들도 다시 추억의 맛을 더듬기 시작했을까? 사람들은 옛 추억의 맛을 찾아 향수를 달래고 있었다.

화월당은 다른 장수빵집들과 달리 빵 종류도 딱 2가지, 단팥 팥소를 듬뿍 넣은 하얀색 모찌와 노르스름하고 구수한 향이 그윽한 볼카스테라이고, 매출의 70~80%는 택배 주문이다. 순천을 찾은 사람들이 관광 후 오후쯤 들르면 대부분 빈손으로 발길을 돌려야 한다. 순천 시내를 가다보면 노란색 포장을 든 사람들의 모습을 심심치 않게 볼 수 있다.

굴곡의 현대사가 고스란히 담긴 곳

비좁은 화월당을 들어서면 세월의 흔적을 느낄 수 있는 오래된 진열장과 사진들 때문에 마치 고향집에 들어선 듯한 냄새와 향수를 고스란히 느낄 수 있다. 은은한 카스텔라 향이 마음의 안식을 가져다준다는 것을 아마도 화월당 문을 열고 들어오는 모든 사람들이 똑같이 느꼈을 것이다.

일제강점기의 암울한 아픔과 배고프던 서민들의 애환 그리고 6·25 전쟁 이후에 힘들었던 시절, 1960~1970년대 부모들이 경제성장을 위해 가정의 행복을 잠시 미루어 두었던 시간들……. 세월의 숨겨진 스토리가 빵에 녹아 들어가 있기에 장수가게는 시간이 지날수록 그 가치가 빛을 발한다.

화월당 인근은 옛날부터 순천의 중심축이었다. 하나의 성곽으로 둘러싸인 고을은 일제에 의해 성벽이 허물어지고 많은 변화가 생겨났다. 화월당이 위치한 곳에 남문터를 알리는 표지석이 있고 오거리 웃장 인근에 북문 표지석이 보인다. 지금은 순천 문화의 거리에 많은 예술인들이 창작활동을 하는 갤러리가 생겨났고 분기별 다양한 문화행사가 이곳에서 열리지만, 이곳 문화의 거리를 차분히 둘러보면 고려시대부터 일제강점기까지 순천의 역사가 한눈에 보인다.

문화의 거리 웃장에는 난장마다 남도 사람들의 이야기가 질펀하다. 뜨끈한 국밥 한 그릇에 행복해하던 사람들의 이야기는 웃장과 아랫장을 오르내리며 골골이 흐르는 옥천 따라 희미한 물길을 이룬다. 어느덧 순천 명물이 된 화월당의 빵은 대대로 내려오는 이곳 사람들의 정신문화와 어우러진 걸작이다.

빵만 사는 것이 아니라 추억과 이야기를 향유한다

과거에는 잘 되는 가게의 성공 조건이 입지였다. 즉 접근성이 좋아야 한다. 그러나 골목상권은 입지보다는 '컨텐츠'에 승부가 달려 있다. 사실 이 책에서 열거한 장수가게 중 입지가 좋은 곳은 거의 없다. 그들이 가지고 있는 컨텐츠, 즉 빵에 입혀진 스토리가 최고의 입지조건이다.

현대를 스토리 시대라 해도 과언이 아닐 정도로 업종을 불문하고 스토리가 대세다. 요즘 같이 경기 불황과 치열한 경쟁에서 불안감이 증가한 시대를 공감할 수 있는 이야기를 통해 위로받고 싶은 심리가 강하다.

스토리에는 진정성이 필수다. 스토리는 하루아침에 만들어지는 것이 아니다. 오랜 세월 동안 사람들 입에서 회자되면서 전해진다. 누구나 인정하는 상품의 높은 질에 스토리가 곁들여질 경우 그 제품은 자연스럽게 명품이 된다고 한다.

스토리는 파급력이 높기 때문에 중요하다. 하버드대학 스티븐 핑거 교수는 "스토리는 정보 습득뿐만 아니라 대인관계에서 중요한 도구이고 인류 진화과정 속에서 강화되었다"고 한다. 스토리가 없는 삶은 지루하다. 이야기 없는 사람과 제품은 매력이 없을 것이다.

이제 프랜차이즈의 시대를 지나 장인정신으로 무장한 작은 빵집의 가치를 알아주는 시기가 왔다. 작지만 강한 장수가게, 장수기업들이 뜨는 것은 어쩌면 자연스러운 사회적인 흐름이다. 100년의 스토리를 가진 새로운 중소기업과 동네 구멍가게들이 희망의 대안으로 많은 사람들의 입에서 회자되고 있다.

입소문의 힘

1910년 한일합병 이후 우리나라에는 일본 제분공장과 일본인이 운영하는 빵집들이 생기기 시작했다. '당', '제과' 등의 일본식 상호명을 가진 빵집들이 대부분 이때 생겼다. 1946년 태극당이 문을 연 후, 고려당과 뉴욕제과가 문을 열어 우리나라 제빵시장이 활성화되었다. 현 SPC의 전신인 상미당도 비슷한 시기에 문을 열었다.

태극당의 과거와 현재를 잇는 '한결 같은 맛'을 지니고 있다. 창업 초기의 제빵 장인들이 지금까지도 일하고 있기에 가능한 일이다. 지금도 태극당의 전병은 옛날 방식 그대로 일일이 한 장씩 불에 굽는다고 한다. '만쥬'로 알려진 월병달빵도 마찬가지다. 하이라이트는 '모나카 아이스크림'이다. 태극당이 운영하는 목장에서 직접 짠 원유로 만든 아이스크림을, 불에 구워 만든 찹쌀과 자피로 일일이 감싼 고급 아이스크림이 등장한 것이다. 지금도 태극당 모나카 아이스크림을 찾는 어르신들이 많은 이유도 그 맛의 추억이 최고의 기억 중 하나로 남아 있기 때문이다.

　태극당의 이러한 스토리가 고스란히 고객들의 입소문으로 전해지게 되었다. 입소문은 그만큼 영향력이 크다. 최근 언론매체를 통한 광고의 위상이 줄어드는 반면, 소비자 입소문인 '바이럴 마케팅viral marketing'의 힘이 커지고 있다. 기업들이 입소문에 많은 신경을 쓰는 이유는 요즘 사람들은 인터넷과 SNS에서 접하는 입소문에 민감하기 때문이다.

　이성당의 경우도 '지역 스타'에서 '전국구 스타'가 된 건 비교적 최근 몇 년 사이의 일이다. 급속한 성장의 배경엔 다른 사람의 생각이나 행동에 예민하게 반응하는 한국인의 특성, 그리고 폭발적으로 확산된 블로그·페이스북 등 SNS의 영향이 맞물렸기 때문이라는 분석도 나온다. 예전엔 일부 지방에서만 알려진 스토리도 이젠 삽시간에 전국에 퍼지면서 깜짝 스타 기업, 히트 상품이 나올 수 있게 된 것이다.

성공 스토리에는 입소문의 힘이 작용한다

전국에서 온 사람들이 한번 맛 본 경험을 자신의 SNS에 마치 전리

품처럼 소개한다. 마케팅 역사상 가장 강력한 힘은 소비자의 '입 심心' 이다. 그것은 반복 구매가 전제된 것이다.

　마케팅 이론에서 '아저씨 입소문' 에 대한 속설이 있다. "아저씨 그룹이 반응할 때 그 상품은 대박이 난다" 는 것이다. '아저씨' 는 그만큼 마케팅 반응이 가장 늦게 나타나는 집단을 칭하는 말이다. 그런데 이성당만큼은 예외다. 빵을 사기 위해 길게 늘어 줄을 보면 중장년층 남성들도 적지 않은 것을 볼 수 있다. 특별히 광고를 한 것도 아닌데 삼삼오오 짝을 이룬 사람들이 정해진 시간에 순서를 잘 지키면서 빵을 구입하기 위하여 줄을 선다.

　장수가게들의 빵은 인기를 추구하거나 잠깐 큰 성장을 이루기보다는 100년 가까이 오직 빵으로만 승부를 걸었다. 어마어마한 인기와 입소문에 의해 수도권부터 제주도까지 빵을 사러 온다. 머리 희끗한 어르신들이 옛날 그 맛을 보러 손자 손녀 손을 잡고 찾아오는 가게, 장수기업이 된 빵집들은 이제 전 국민의 추억의 상징이자 앞서가는 트렌드다.

장수기업이 갖춰야 할 조건

헤르만 지몬은 《히든 챔피언》에서 챔피언, 즉 작은 장수기업의 정의를 "소도시에 있으면서 글로벌 틈새시장을 지배하고 있는 기업"이라고 했다. 구체적인 특징은 다음과 같다.

첫째, 해당 분야의 세계 경쟁력 1~3위

둘째, 매출액 40억 달러한화 약 4,000억 원 이하

셋째, 대중에게 잘 알려지지 않은 강한 중소기업

이러한 히든 챔피언의 특징을 가지고 있는 우리나라 장수기업의 공통점은 다음과 같다.

첫째, 주변에 이름 있는 관광지나 명소가 있고 관광객이 1,000만

명 이상이어야 한다. 순천 화월당이 본격적으로 장수가게로 주목을
받은 시점이 2012년 여수 해양엑스포 이후 관광객 천만 시대를 연 이
후였다. 전주 풍년제과와 군산 이성당은 전주 한옥마을을 찾는 연간
관광객 숫자가 1,000만 명을 넘어서며 성장의 변곡점을 맞이했다. 서
울의 태극당은 중국 관광객의 관광 코스가 되면서 더욱 주목 받았다.
부산의 백구당도 마찬가지였다.

둘째, 선진국의 경우 장수기업에 대한 관심이 높아진 시기는 국민
1인당 GDP국민총생산가 2만 달러를 넘어서면서였다. 한국은 2012년
GDP 2만3,679달러에서 2016년 2만5,990달러가 되었다. 이 시기는 그
동안 성장주도 경제로 앞만 보고 달려오다가 소득이 늘어가고 살림
살이가 살만해 지며 옛것에 대한 관심이 높아지는 시기다.

순천의 경우 옛 도심인 중앙동의 빈 집과 빈 상가를 젊은이들에게
저렴하게 임대하여 '청년 챌린지숍' 을 통해 구도심의 활성화를 주도
하였다. 군산은 2009년 일제강점기 건축물과 유적 등을 복원하는
'근대문화도시 조성사업' 을 시작했다.

군산 근대역사박물관을 짓고 일제 쌀 수탈의 상징이었던 옛 일본
제18은행, 조선은행 등을 근대미술관 건축관으로 되살린 결과 지난
해만 200만 명의 관광객이 찾았다.

세 번째, 브랜드 확장 전략을 취했다. 이성당이 군산에만 머무르지 않고 직영점을 운영하는 것은 브랜드를 넓히는 역할을 하게 된다. 이성당은 2014년 4월 롯데백화점 잠실점을 냈고 2015년 8월 천안 신세계백화점에도 문을 열었다. 김현주 사장은 이곳에 분점을 낸 이유에 대해 "문화를 통해 사람들과 소통하는 모습이 오랜 시간 동안 빵 하나로 고객과 만나온 이성당의 진정성과 서로 통한다고 생각했다"고 말했다.

김현주 사장은 천안 이성당 운영에 있어 두 가지 원칙은 반드시 실천할 것을 강조했다. 첫 번째, 이성당 특유의 소박한 맛을 유지하고 일정한 맛을 내지 못한 빵은 판매하지 않는다는 것, 두 번째, 단팥빵 가격 1,300원, 야채빵 1,500원을 유지한다는 것이었다. 고객에게 보답하는 길은 '정성' 뿐이라는 철학을 지키겠다는 것이다.

공유와 나눔을 실천하는 빵집

대전 성심당은 임영진 현 대표의 선친 고 임길순 씨가 1·4후퇴 때 함경도 흥남에서 피난해 1956년 대전역 앞에서 문을 연 찐빵가게에서 시작했다.

본점은 1970년에 대전역에서 1킬로미터 떨어진 대전시 은행동 골목으로 옮겼다. 길 건너편 대흥동 주교좌 성당의 종소리를 가까이서 들을 수 있는 것만으로도 더없는 푸근함을 느꼈을 것이다. 상권의 변화에 따라 목척교를 건너 지금의 은행동으로 이전하는 과정을 거쳤다.

선친의 뒤를 이어 1981년 성심당 대표가 된 임영진 대표는 2011년 대전 롯데백화점 지하 매장에 2호점을 냈고 이어 대전역에 3호점을 냈다. 성심당은 단일 제과점으로는 전국에서 가장 많은 400종 이상의 빵을 만들고 있다. 시식용 빵 조각이 크고, 빵을 끊임없이 내놓는

것도 성심당만의 특징이다. 성심당 맞은편 학원에 다니는 학생들이
쉬는 시간이면 우르르 몰려와 시식만 해도 배를 채울 정도로 인심이
좋다.

인심 좋은 빵집의 남다른 경영철학

대전 성심당은 다른 제과점과는 경쟁이 아닌 함께 가는 공유의 길
을 택했다. 오늘의 성심당을 있게 한 나름의 경영철학이라고 할 수
있다. 2013년 12월에는 전국 최초로 케이크 전문점에서 케이크와 디
저트, 음료를 판매하는 디저트 카페 케이크 부띠끄를 선보였다. 통상
빵집에서 케이크를 산다는 상식을 넘어 빵집에서는 빵, 케이크 매장
에서는 케이크와 초콜릿을 판매하는 전문점으로 분리했다.

임길순 씨가 처음 성심당을 연 장소는 대전역 앞이었는데 피란 내
려와 역 앞에서 찐빵집을 열었던 1956년부터 그날 못 판 찐빵을 어려
운 사람들에게 그냥 무료로 나눠주었다. 향토기업으로 성상한 성심
당은 지역사회에 봉사하는 '가치있는 기업'이 되고자 빵을 통해 소외
계층을 돕고 장학기금, 코레일 복지, 아프리카 후원 등 봉사활동의
영역도 점차 넓혀가고 있다.

임길순 씨는 전쟁통에 피란 못 왔으면 죽었을지 모른다고 하면서,

어려운 이웃을 도우며 살겠다는 약속을 하였다고 한다. 전쟁통이라 판잣집에 살면서 갚아야 할 빚도 있는 형편에 밀가루나 설탕 살 돈을 들고 나가 이웃들에게 담요나 옷가지도 사주고, 장례식을 못 치른 사람에게는 염도 해주었다.

상호인 성심당은 "거룩한 마음으로 정성을 다해 빵을 굽는다"는 뜻이다. 1981년 임길순 씨가 세상을 떠나자 장남인 임영진 대표가 가업과 선친의 유지를 이어받은 뒤 매일 400~500개의 빵을 아동센터와 노인병원, 외국인노동자센터, 고아원, 양로원 등 각종 복지단체 등에 제공하고 있다.

|장수기업 성장의 요인은 무엇?|────────

장수기업들이 포장봉투 하나에도 신경을 쓰는 이유

순천시 중앙로를 거닐다 보면 여기저기서 노란색 케이스를 들고 다니는 사람들을 볼 수 있다. 순천 화월당의 빵 케이스이다. 대전 성심당의 튀김소보로빵 포장 종이도 노란색이라 눈에 잘 띈다. 또 군산에 가면 여기저기서 이성당 빵 봉투를 들고다니는 사람들이 흔하다. 이러한 빵 봉투들은 홍보 역할도 톡톡히 하고 있다. 마케팅에서는 최고의 광고 효과인 셈이다.

특히 이성당 빵 케이스에 들어 있는 상세한 전단지는 글로벌 장수기업들의 전략과 신기하게 유사하다. 광고가 소비자의 관심을 얻지 못하면 소용없는데 포장기술이 매우 중요한 역할을 한다. 포장은 판매의 가장 중요한 도구 중 하나이며 특히 전통 있는 브랜드들이 잘 쓸 수 있는 도구이다.

포장의 중요성을 잘 아는 대표적인 기업으로 차茶 판매의 세계적인 기업인 영국의 트와이닝스 티가 있다. 영국의 사업가 트와이닝스가 만든 이 기업은 1837년 이후 영국 왕족들이 가장 좋아하는 차로 마케팅을 해왔다. 300년 넘은 시간 동안 트와이닝스는 런던 한복판 매장에서 차를 판매하고 있다. 차 보관통을 열면 위 커버에 제품의 스토리가 쓰여 있다. 안에는 정교한 문양의 고급 용지에 포장된 차를 만날 수 있다. 서랍을 열면 차 스푼과 전단지가 있어 두 번 놀란다. 전단에는 이 차를 만들기 위해 기술과 정성에 관한 자세한 이야기를 담고 있다. 세계 최고급 차를 최고급 포장과 거기에 어울리는 각종 아이템과 이야기를 담았기에 가격에도 그 가치가 반영되어 있는 것이다.

한 사람당 빵 10개 이상 드릴 수 없어요

요즘 꼭 장수가게가 아니라도 맛집이나 유명한 가게에서 사람들이 줄을 서서 기다리는 모습을 흔히 볼 수 있다. 좋은 곳과 필요한 것에 대한 시간을 투자하는 것이 자연스러운 풍경이 되었다.

빵을 사기 위하여 길게 늘어선 고객들에서 미안한 이야기일 수도 있으나, 아무리 오래 줄을 서도 이성당에서는 1인당 살 수 있는 빵이 단팥빵 10개, 야채빵 10개로 제한되어 있다. 많은 고객들에게 일정량의 빵을 판매하기 위해서는 어쩔 수 없다고 한다. 그 이면에는 반복 구입을 위한 추가적인 방문을 기대한다는 전략도 있다. 빵가게 입장에서는 고객이 자주 방문하는 것이 유리할 것이다.

그래서 처음 이성당을 방문한 고객은 의아해한다. 살 수 있는 빵의 개수가 제한되어 있다는 것이 낯설게 느껴지는 것이다. 심지어 두 시간 이상 기다렸다가 빵 10개 이상은 팔지 못한다는 직원의 안내에 언쟁이 발생하기도 할 정도다.

필자도 이 점이 궁금하여 직원에게 직접 물어본 적이 있다. 그랬더니 다음과 같은 대답을 들을 수 있었다.

"단팥빵과 야채빵이 나오는 시간이 정해져 있고 나오는 양이 한계가 있는데 사가는 사람이 너무 많으면 오래 기다렸다 사가지 못하는 분들이 있죠."

"만드는 빵의 양을 늘리면 되지 않나요?"라고 다시 물었더니 다음과 같은 대답이 돌아왔다.

"자동화 시설에서 생산하는 빵과 사람이 만드는 빵은 맛이 다르니까요! 그리고 필요 이상으로 빵을 많이 사가지고 가면 보관상 어렵고 무엇보다도 오래 두면 빵이 상할 수 있어 이성당 본래의 고소한 맛을 느낄 수 없는 것도 있습니다."

충분히 이해가 가는 대목이다.

빵 10개에 담긴 깊은 뜻

이성당이 있는 군산시 중앙로 1가는 불법 주정차 딱지가 군산에서 가장 많이 발급되는 곳이기도 하다. 추석과 설날 귀경 열차표 예매를 방불케 할 정도로 극심한 눈치 작전이 벌어지기도 하고, 1인당 10개로 구매가 제한된 빵을 사기 위해 가족을 총동원하는 촌극이 벌어지기도 한다.

주말에는 대열을 이루는 사람들의 80~90%가 외지인이다. 빵 맛을 보기 위해 짧게는 30분, 길게는 1시간 넘게 기다린다. 피곤하고 지루하기도 하련만 개의치 않는다. 오히려 기다림을 즐긴다. 어떤 사람은 핸드폰으로 매장 안을 동영상 촬영하여 사람들이 길게 늘어선 모습이나 빵을 찍고 친구나 가족끼리 수다를 떠는가 하면, 셀카봉을 들고 'V' 자를 그리며 이리저리 포즈를 취하는 등 단팥빵만큼 고소하고 달콤한 추억을 만든다. 빵 10개가 또 다른 추억거리를 선사하는 것이다.

기존의 마케팅 원칙을 거스르다

장수가게 빵집들은 마케팅의 오래된 상식을 무색하게 한다. 마케팅 이론 중에 STP 전략이 있다. 필립 코틀러가 그의 저서에서 주장한 이론으로, 시장을 나누고, 공략할 시장을 결정하고, 그 시장 내에 제공할 가치를 정하는 일을 뜻한다. 한 제품이 시장에서 인정받기까지는 기본적으로 다음과 같은 전략이 필요하다.

S(Segmentation) : 시장 세분화 전략으로 상품을 팔기 위해서는 시장을

나누는 작업이 필요하다.

T(Targeting) : 어느 시장에 팔 것인가를 결정하는 것이다.

P(Positioning) : 어떤 가치 있는 상품을 제공할 것인가를 결정하는 것이다.

그러나 장수 빵가게들은 이 전략이 완전히 적용되지 않았다. 계층과 나이를 불문하고 시장이 형성되어 있는 등 단순히 마케팅 이론으로 설명하기 어려운 부분들이 있었다. 이는 서울의 태극당, 부산의 백구당, 대전의 성심당, 목포의 코롬방도 마찬가지다.

매장 앞에는 베스트셀러 빵이 나오는 시간이 적혀 있다. 이성당에 가면 빵을 사기 위하여 줄을 서는 것도 놀랍고, 1인당 개수가 제한된 판매 규칙도 놀랍지만, 아무 때나 빵을 살 수가 없다는 것에도 놀란다. 이성당의 단팥빵은 2시간 간격으로 나오는데, 이는 마케팅 원칙과는 부합하지 않는다. 역설적으로 말하면 빵 나오는 시간을 정하는 것은 또 다른 개념의 마케팅이다. 때문에 시장을 정할 필요도 없고, 무엇을 줄 것인가 고민할 필요도 없다.

손님 입장에서는 언제든지 가면 단팥빵과 야채빵를 살 수 있었으면 하고 바라지만, 매 시간마다 빵을 만들기에는 현실적으로 어려움이 있다. 자동화기계로 공장에서 대량으로 만들어내면 되지 않을까

싶지만, 그러면 물량은 늘어날지 몰라도 고객들이 기대한 빵의 맛은 떨어질 것이다. 기존의 마케팅 원칙을 고수하지 않고도 맛과 정성에 집중해 오히려 효과를 본 것이다.

| 장수기업 성장의 요인은 무엇?|

쌀 생산지에서 만드는 쌀 빵

이성당 단팥빵은 100% 쌀가루가 들어간 건강식이다. 그래서 그 자부심은 대단하다. 이성당 빵은 다른 빵과 다르게 쌀가루를 주원료로 빵을 만들었다. 그 중 성공작이 '블루빵'이다. 김현주 사장은 웰빙 트렌드에 맞춰 손님들에게 영양도 좋고 맛도 좋은 빵을 만들어야겠다는 생각에 쌀 빵 개발에 나서 2006년 국내 처음으로 성공했다. 그리고 반응이 좋아 현재 전체 빵의 60% 이상을 쌀가루로 만들고 있다.

쌀가루를 원재료로 삼게 된 것은 군산이라는 지리적 특성을 무시할 수 없다. 조선시대 군산에는 조창漕倉이 설치되어 있었다. 군산은 개항 이전부터 미곡 집산지로 유통의 중심 역할을 하고 있었다. 바다와 근접해 있고, 주변에는 김제 및 만경 평야가 펼쳐져 있는 우리나라 최고 미곡 생산지가 위치해 있기 때문이다.

개항 이후 군산항은 새로운 근대 문물을 받아들일 수 있는 지리적 여건을 갖추고 있어 곡물을 일본으로 유출할 수 있는 주요한 통로로 기능하였다. 이러한 여건은 군산을 기회의 땅으로 만들어주었다. 일제 강점기 일본 정부는 일본인을 식민지국에 정착시키고자 한국으로의 이주를 권장했다. 이러한 까닭으로 1900년과 1910년 군산 지역에는 일본인 인구가 증가하기 시작했다. 한반도를 둘러싼 전시 상황이 일본에 유리해졌고, 특히 1904년 러일전쟁에서의 승리 이후 일본인의 한반도 진출은 가속화되었다. 그 결과 군산의 인구는 해를 거듭할수록 급격히 증가했고, 군산은 새로운 도시의 모습을 형성해갔다. 군산 내 일본인 인구의 증가는 자연스럽게 일본인의 삶과 밀접한 관련이 있는 제과 문화를 지역 사회에 등장하도록 했다.

이때 일본인 히로세 야스타로는 군산에서 이즈모야라는 조그마한 과자점을 열었다. 이즈모야는 일본 시마네 현의 이즈모 시의 지명을 붙인 것이다. 이곳에서 주로 팔았던 제품은 아라레 과자였다. 아라레는 찹쌀을 잘게 썰어 약한 불에 살짝 데친 과자이다. 이는 찹쌀을 절구에 넣고 찧은 다음 새우를 넣고 만든다. 이즈모야에서는 새우를 넣어 만든 '에비아라레えびあられ'를 동그란 캔에 담아 판매하였다. 과자점에서는 아라레 뿐만 아니라 모찌もち, 화과자和菓子 등의 일본식 전통 과자도 판매하였다.
1920년대에는 아라레 과자점을 현재의 이성당 위치인 군산시 중앙로 1가로 확장하여 옮겼다. 이곳은 당시 군산의 중심 번화가였다. 1930년대부터 이즈모야에서는 제과점 옆에 공간을 마련하여 레스토랑과 커피숍을 함께 운영했다. 서양의 외식 문화를 받아들인 것이다. 레스토랑에서는 양식을 판매하였고 커피숍에서는 커피와 함께 빵과 케이크를 판매하였다. 제과점 앞에는 쇼윈도를 두었다.
이처럼 하나의 빵집에는 지역과 역사를 통해 만들어진 유서 깊은 역사가 있다. 이 역사가 장수기업을 만든다.

품질만큼은 타협하지 않는다

170년 역사의 세계적인 주방용품 제조회사인 휘슬러Fissler의 브랜드가 지속될 수 있었던 비결은 '품질이 첫째' 라는 원칙을 지켰기 때문이다. CEO 마커스 케프카가 개최한 휘슬러 전시회에서 감동한 고객들은 제품을 구입한 후 제품의 질을 통해 휘슬러에 가졌던 기대와 애정에 보답을 받게 된다. 제품의 브랜드는 제품의 질과 높은 상관이 있다.

제빵업계에도 이 법칙이 통한다. 빵에도 베스트셀러가 있다. 이성당의 단팥빵과 야채빵, 성심당의 튀김 소보로, 화월당의 모찌와 볼카스테라 등이 베스트셀러에 속한다. 장수기업 노하우의 특징은 전통을 지키는 것이다. '빵은 맛있어야 한다' 는 게 기존의 원칙이었다면 여기서 더 나아가 '건강에도 좋아야 한다' 는 것이 지금의 트렌드다.

대기업 브랜드에 소비자 입맛이 길들여져 있는 시대에, 장수 빵가게들이 자리를 잡기란 매우 어렵다. 그래서 장수기업들은 '맛있는 빵'을 넘어서기 위해 고민하고 있다. 이성당도 이른바 '맛있고 건강에 좋은 빵 만들기 프로젝트'를 추진했다. 소화도 잘 되고 식감도 좋은 쌀 빵, 그 누구도 흉내 낼 수 없는 식감을 가진 빵으로 승부수를 두었다. 그것이 반전을 만들고 베스트셀러를 만들었다.

토종 장수기업들이 대기업과의 싸움에서 승리하고 사랑을 받기 위해서는 규모의 경쟁력으로는 안 된다. 전국적인 체인망도 없는 불리함을 유리함으로 바꾸는 것은 오직 '맛으로 승부' 하는 것이다. 이것이 바로 경쟁력이다.

품질에 대한 고집과 뚝심

이성당은 지난 2014년 서울 롯데백화점 본점의 이성당 특별 초대전 첫날 행사를 앞두고 새벽에 구운 단팥빵을 맛보고 고개를 절레절레 저었다. 이성당 단팥빵 고유의 맛이 나오지 않은 것이다. 그러자 "이런 빵을 손님에게 내놓을 수 없다"며 전량 폐기를 지시했다. 새벽에 구워진 500개의 빵은 그 즉시 폐기되었다. 그냥 팔아도 될 텐데 손해를 감수하고 내린 결정에는 빵에 대한 자부심과 고객들과의 약속을 지키겠다는 고집이 있었다.

이성당의 또 다른 베스트셀러 상품인 야채빵은 채소를 김치 담글 때처럼 절이고 물을 짜서 마요네즈로 버무리는 작업을 수작업으로 한다. 그 결과 빵 속에 들어 있는 채소의 고소함과 식감은 어떤 야채빵과도 비교할 수 없을 정도다. 튀긴 빵에 케첩과 마요네즈로 버무린 야채를 넣어 만드는 일반적인 야채빵과는 모양도 맛도 다르다.

또한 튀기지 않고 구워 기름기가 없는 것이 특징이다. 한입 베어 물면 방금 썰어 넣은 듯 아삭아삭한 야채와 고소한 마요네즈 소스가 어우러진다. 양배추, 양파, 당근 외에 샐러리가 첨가돼 한결 산뜻하고, 있는 듯 없는 듯 섞인 다진 돼지고기는 깊은 맛을 풍기며 잊지 못할 여운을 남긴다. 다른 빵 3개 만들 때 이 빵은 1개밖에 못 만들 정도로 손이 많이 가고 시간도 많이 걸리지만 고유의 식감을 유지하기 위해 번거로운 과정을 마다하지 않는다.

이성당은 품질을 지키기 위한 일이라면 주위에서 뭐라 하던 밀고 나가는 뚝심이 필요하다고 말한다. 원칙을 가지고 흔들림 없이 추진하는 것이다. 만약 돈만이 목적이었다면 이 원칙은 지키기 어려웠을 것이다. 이는 동네 빵집이라고 해서 금세 포기할 게 아니라 집념과 끈기를 갖고 자신만의 '필살기' 상품을 만들면 얼마든지 성공할 수 있다는 가능성을 보여주는 사례다.

맛있고 건강에도 좋아야 한다

기업은 자기만의 핵심가치가 있다. 핵심가치는 기업의 신조이며 기업이 가지고 있는 문화, 제도, 구조, 임직원 사고, 전체 경영 경쟁력으로 기업의 성공 유전자를 만든다.

동네 빵집들이 장수기업이 될 수 있었던 것은 빵의 품질에 있어서만큼은 타협하지 않았기 때문이다. 의지와 끈기를 갖고 비장의 무기를 만들었다. 한번 정한 원칙을 어기지 않았다. 오늘 손해를 보더라도 빵의 품질에 있어서만큼은 절대로 양보하지 않았다.

나무는 큰 나무 아래서 자랄 수 없지만 사람은 큰 사람 밑에서 그보다 더 큰 사람으로 자랄 수 있다. 선친에게 제빵 기술을 물려받은 화월당 2대 조병연 사장은 굽자마자 순식간에 모두 동나던 빵들이 많은 양을 만들어봐야 몇 개 팔리지가 않자 여러 종류의 메뉴를 정리하고 단출하게 빵을 만들기 시작했다. IMF 이후 근근이 이어가다 옛 메뉴인 모찌와 카스텔라만을 선보인 전략이 통했다.

대기업이라는 '골리앗'과 싸우면서도 기죽지 않고 오히려 막강 브랜드 파워를 발휘할 수 있었던 그들의 저력은 고집스러울 만큼 철저한 경영철학과 원칙에서 나왔다.

성공경영의 팔 할은 인적 자원

　세계적인 호텔 메리어트 호텔 그룹의 마케팅 전략을 많은 호텔들이 벤치마킹한다. 메리어트 호텔은 마케팅의 핵심이 직원이라는 점을 항상 인지하고 있다. 고객만족도는 결국 직원들의 서비스 정신에서 달려 있기 때문이다.

　호텔업은 아파트나 핸드폰을 파는 것과는 다르다. 여행을 통해 행복의 경험을 파는 것과 같다. 그래서 인적 서비스 비중이 매우 크다. 직원들이 홍보대사인 셈이다. 핵심 자산이 건물이나 시설이 아니고 직원이다. 그래서 메리어트는 직원교육을 매우 중요하게 생각한다. 직원 한 명 한 명이 메리어트를 대표할 수 있도록 직원들도 기업의 역사와 스토리를 소개할 수 있도록 교육을 받는다.

　오늘날은 어떤 분야든 고객이 느끼는 행복감이 중요해졌다. 예전에 인터넷이 없을 때에는 다양한 매체를 통해 기업 스스로가 이미지를 결정할 수 있었는데, 지금은 정보가 널려 있어 본래 브랜드의 이미지를 예전처럼 기업 측에서 제어하기 어렵다. 즉 예약 시 직원의 목소리 톤과 호텔 도착 후 모든 응대 방식까지 그 호텔에 대한 평판에 영향을 끼친다.

그래서 메리어트는 최선의 마케팅은 직원 만족이라는 것을 잘 알고 있다. 고객을 잘 챙기는 직원이 많을수록 고객들이 다시 찾아오는 일이 많아진다. 고객감동을 만드는 직원을 양성하는 게 바로 브랜드를 만든다.

직원의 행복이 곧 고객의 행복

영국의 한 신문사에서 영국 끝에서 런던까지 가장 빨리 가는 방법에 대해 현상 공모를 했다. 그러자 많은 독자들로부터 비행기, 기차, 도보 등 여러 가지 수단과 방법들이 나왔다. 과연 1등으로 당선된 답은 무엇이었을까? 그것은 바로 "좋은 동반자와 함께 가는 것"이었다. 뜻을 같이하는 사람과 가면 지루하지 않고 재미있어 빨리 갈 수 있다는 것이다.

미래학자 롤프 옌센은 《드림 소사이어티》에서 기업의 자산 중에서 인적 자산이 차지하는 비중이 90%라고 했다. 성공한 빵집에도 빵 이

외에 사람이 있었다.

장수기업의 최고의 자산은 오랜 시간 내재된 기술력을 갖춘 장인들이다. 이들이 진정한 최고의 장수기업의 경쟁력이다. 그래서 장수기업은 직원 사랑이 고객 사랑의 출발점이다.

출문여견대빈出門如見大賓, 문을 나서서 만나는 사람을 큰 손님처럼 대하라!

장수기업의 성공은 어쩌면 사람 존중에서 시작되었는지도 모른다. 잘 되는 가게, 장수하는 기업의 업장에 가보면 직원들이 활달하고 의욕이 넘친다. 이성당 직원들은 기다림에 지친 손님들에게 먼저 다가가 죄송하다는 말과 함께 맛있는 빵을 서비스로 주는데 이것은 오너의 명령만으로는 되지 않는다. 성심당은 업계 최초 주 5일제 실시와 90% 이상 정규직 사원, 매년 연평균 15% 이상 임금상승률을 보인다. 그리고 1대 대표부터 해온 지역사회 빵 나눔 행사를 2대 대표도 기업문화로 지키고 있다.

배려받은 직원은 고객을 재방문하게 한다

이성당의 직원체계는 협업이 부드럽게 잘 조화를 이룬다. 요즘 전 세계 비즈니스의 화두인 협업은 새로운 비즈니스 기회를 창출하는 힘이 있다. 애플과 삼성은 스마트폰 시장에서 경쟁자이지만 또 다른 면에서는 협업 관계다. 아이폰에 들어가는 핵심 부품의 많은 부분을 삼성으로부터 공급받기 때문이다. 국내 유수의 제빵회사들도 겉으로는 치열한 경쟁을 하지만, 빵에 들어가는 앙금의 상당 부분을 군산의 대두식품에서 조달받는다.

빵집을 포함해 먹는 장사와 서비스업 운영은 직원이 곧 경쟁력이고 자산이다. 이성당에 근무하는 많은 직원들은 이성당에서 근무하는 것에 대해 자부심이 남달랐다. 고객 가치를 소중하게 생각하는 것처럼 인적 자원의 가치를 중요시하는 오너의 마인드가 있었기에 가능한 일이다. 직원이 기업에서 존중 받으면 결국 고객 가치 증진을 위해 스스로 노력하기 때문에 선순환이 이루어지는 것이다.

이성당 직원들은 빵을 만드는 사람, 포장하는 사람, 샌드위치를 만드는 사람, 만든 빵을 수레로 옮기는 사람 등 각자의 맡은 바 일을 하지만 때로 빈 자리가 생기면 다른 사람이 자리를 메우며 한 사람이 두 사람의 역할을 하는 멀티플레이 역할을 한다. 때로는 계산대에서 계산을 하고 때로는 빵을 나르는 등 다중 역할을 정확히 잘 수행한다. 전화 주문을 받는 직원의 안정감 있는 응대와 고객을 배려한 안내는 듣는 이를 기분 좋게 한다.

제품의 질은 물론 가장 중요하다. 그러나 제품만 좋아서 장수기업이 되기는 어렵다. 기업에서 무엇을 만들건 만들어진 제품을 고객에게 전달하고 알리는 것은 결국 사람이다. 사람이 있기에 제품이 더 빛을 발할 수 있는 것이다.

실제로 김현주 사장은 직원들과 소통을 중요시하여 직원 한 명 한 명을 세심하게 배려하기 위해 노력한다. 정을 기반으로 한 기업문화가 바탕이 되어 모든 직원이 이성당이라는 큰 흐름에서 새로운 기업문화를 만들어 간다. 이 힘이야말로 이성당이 많은 사람에게 사랑을 받을 수 있도록 만드는 원동력이 되었다. 그래서 이성당에는 5년 이상 근무하는 직원이 많은 편이다.

멘토링 방식의 직원 교육 시스템

　미국 볼티모어의 도미노피자 체인 중에서 가장 성공했다고 평가받는 매장이 있다. 이 매장에서는 단골고객 한 명의 평생가치를 약 4,000달러로 계산한다. 10년간 매년 8달러 짜리 피자 50개를 주문하는 고객을 기준으로 산출한 수치다.

　매장 주인인 필 브레슬러는 종업원들에게 "당신들은 지금 8달러짜리 고객이 아니라 4,000달러짜리 고객에게 피자를 배달하고 있다"라고 강조한다. 만약 이 매장이 고객가치를 8달러로 계산한다면 그처럼 큰 성공을 거두지 못했을 것이다.

　한 사람이 기업의 고객으로 존재하는 기간 동안 만들어 내는 이익의 총합을 '고객평생가치' 라고 한다. 한 번의 구매에 맞추지 않고 평생 관계에서 나오는 총이익을 생각하는 것이다.

　사람은 누구나 정상에 서고 싶다. 거기에는 이유가 있겠지만 그 중에서도 자본주의 사회에서 우리를 구속하는 다양한 일들을 해결할 수 있기 때문이다. 의식주, 출퇴근, 교육, 여가 등 불편한 진실이지만 이 점을 인정해야 한다.

세계적 컨설팅업체 액센추어는 노키아, GE 등 14개 장수기업의 '성공 DNA' 가운데 공통적인 것으로 "인재에 대한 아낌없는 투자"를 강조했다. 그런 점에서 우리나라의 장수기업들의 시스템에서도 아낌없는 인재 육성이 돋보인다.

고객가치는 직원가치가 만든다

벤처캐피탈의 투자 제왕 존 듀어는 위대하게 될 벤처기업과 쉽게 사라질 벤처기업의 차이는 '팀워크'에 있다고 말한다. 카네기 멜론 팀과 MIT 팀이 수행한 실험에서는 사회적 감수성이 높고 공감능력이 높은 집단의 능력이 월등했다. 공감능력 향상을 위해서는 수평적 조직 형태를 갖추어야 한다. 즉 위계적 계층이 최소화되고 리더와 팀원으로만 구성되는 조직이어야 한다는 것이다.

이성당의 경우 무엇보다도 '고객평생가치'에 주목하며, 직원 개인 중심보다는 팀 중심의 관리시스템을 가지고 있다. 잘 짜인 팀플레이가 돋보이는 기업인데, 이는 글로벌 장수기업의 특징이기도 하다. 성심당의 경우 직원 존중 문화를 지키고 매년 납세와 회계 내용도 직원에게 공개하는 것이 일상화되어 있다. 그 안에는 조화로운 소통 문화가 있다.

　장수기업의 성장을 위해서는 무엇보다 직원 만족이 절대적으로 전제되어야 한다. 직원들이 고객들에게 최선을 다하면 고객들은 다시 직원들을 찾아온다. 고객들이 기억하고 찾아오는 직원은 조직으로부터 충분히 배려 받은 직원임에 틀림없다.

　결국 빵집에서도 가장 중요한 것은 빵만이 아니라 사람이다. 직원들이 동기부여되어 즐겁게 일하는 기업이 성장한다. 이성당을 찾은 고객들은 직원들의 친절함과 편안함을 칭찬하고 직원들은 고객응대를 최고의 가치로 생각한다. 매일 넘치는 고객들로 인해 힘들 텐데도 그들은 빵에 대한 자부심을 잊지 않고 최선을 다해 고객을 대한다.

빵이 아니라 문화를 판다

재미있고 신나는 직장으로 잘 알려진 미국 시애틀의 생선가게는 한 바탕 볼거리를 선사한다. 수많은 고객들을 상대하느라 피곤할 텐데 아침이나 저녁이나 직원들은 흥겨움을 잃지 않는다. 그래서 여기를 방문하는 사람들까지도 즐거움이 전파된다. 이것이 사람의 힘이다.

세계적인 놀이공원 디즈니랜드의 힘도 바로 사람이었다. 디즈니랜드에서 일하는 한 청소부는 "나는 청소를 하는 것이 아니라 무대연출, 여행 안내를 함께 도와주는 일을 한다" 라고 청소를 재정의하였다.

미 항공우주국NASA의 경비원도 같은 생각이었다. 사람들의 달 여행의 꿈을 도와주는 사람, 우주여행의 안전을 지키는 일이라 생각하기에 자신의 경비 임무를 의미 있는 일로 재해석했다는 것이다.

2015년 9월 순천만 정원이 제1호 국가정원으로 지정되어 성공에 대한 스토리가 TV에서 방영된 적 있다. 그때 정원을 가꾸는 직원들 인터뷰 내용이 감동적이었다. 직원들이 스스로를 정원을 디자인하는 디자이너로 생각한다는 것이었다. 그것은 순천만 정원을 세계적인 명소로 만드는 힘이 되었다.

직원 개개인의 자부심이 활기찬 문화를 만든다

한 세기 동안 유지된 장수기업에는 자기가 맡은 일을 묵묵히 해온 장인들이 있다. 빵을 만드는 사람이건 빵을 판매하는 사람이건 모두가 장수기업의 장인들이다. 장수기업들의 직원들은 일에 대한 가치관이 남달랐다. 자기 자신을 빵집의 자산이자 원동력으로 생각했다. 그리고 그것이 그 빵집의 새로운 문화를 만들었다.

필자가 만난 이성당 직원들은 여기서 근무하는 자체가 행복이고 자부심이라고 말했다. 단순히 빵을 파는 사람이 아니고 자부심을 파는 것, 문화를 파는 것이라고 했다. 그렇기 때문에 작은 빵집이 100년 장수기업이 될 수 있었을 것이다.

"친구들이 이성당에 취업하는 것을 부러워해요. 저는 대기업 취업한 친구들이 부럽지 않아요."

이제 갓 입사한 젊은 직원이 했던 말이다. 직원 평균 급여가 3,000

만 원을 육박하는 성심당 직원들에게서도 비슷한 느낌을 받은 것은 우연이 아닐 것이다.

빵을 구입한 고객들은 알고 있을 것이다. 빵을 파는 직원들의 얼굴에 편한 미소가 감돌고 직원 스스로를 격려하는 모습 속에 진심이 담겨 있다. 이것이 우리나라 대표 빵집들의 문화를 만들었고 뛰어난 장수기업의 역사를 만들고 있다.

|장수기업 성장의 요인은 무엇?|————————————

장수빵집 대표 상품의 특별한 비밀

일본에서 열 손가락 안에 꼽히는 129년 역사의 초밥 명가 긴자 스시코 혼텐의 4대 사장 스기야마 마모루 사장의 초밥은 한 점에 약 3만 원이다. 이 가게의 자랑은 역시 좋은 재료에 있다. 이처럼 장수기업의 대표 상품에는 자기만의 독특한 매력이 있다. 우리나라의 대표 빵집들의 대표 상품에도 다음과 같은 독특함이 있다.

이성당 단팥빵의 비밀은 세 배 많은 팥 앙금과 쌀가루이다. 빵 부분은 얇고 단팥이 듬뿍 들어갔다. 보통 빵은 밀가루 40g에 팥 앙금 30g을 넣는데, 이성당은 팥 앙금 90g을 넣는다. 2006년부터 밀가루 대신 쌀로 만들면서 더욱 주목받기 시작했다. 지금도 쌀과 빵을 접목하는 연구를 지속하고 있다. 이렇게 만들어지는 빵은 단팥빵이 하루 2만 개, 야채빵은 5,000개를 육박한다. 한 사람이 살 수 있는 양은 단팥빵 10개, 야채빵 10개다. 줄을 서다가 빵이 떨어지면 허탕을 치고 가는 사람이 부지기수다. 그나마 최근에는 KTX 특송 서비스가 시작되었다.

서울 태극당의 찹쌀 모나카는 쫄깃쫄깃한 찹쌀피 안에 가득 찬 우유 아이스크림이 특별한 조화를 이룬다. 옛 맛 그대로를 지켜온 고방 카스테라는 스테디셀러다.

순천 화월당은 메뉴가 딱 두 가지뿐이다. 단팥의 팥소를 듬뿍 넣은 하얀색 모찌와 노르스름하고 구수한 향이 그윽한 볼카스테라다. 쿠키나 팥빙수, 크림빵 같은 다양한 종류의 빵들은 이곳에서 더 이상 찾아볼 수 없다.

성심당은 경영자가 기술자가 아니었다. 가게를 운영하는 핵심기술이 주인에게 없다는 치명적인 약점이 있었다. 어느 날 제빵 기술자들이 한꺼번에 사라져 위기를 맞았지만, 단팥빵과 소보로, 도넛의 3단 합체인 성심당의 최고상품인 튀김소보로가 탄생했다.

코롬방제과는 전국 5대 빵집으로 선정될 만큼 손에 꼽히는 맛집으로 유명하다. 70년 가까운 역사를 지녔으며, 목포에서 처음으로 생크림을 사용한 제과점으로도 유명하다. 대표적인 빵 중 마른새우를 갈아 넣고 반죽한 빵에 머스터드소스를 발라 만드는 새우바게트가 특히 별미다.

5장

전 세계 장수기업의
성공비결

경제강국 중국의 여러 장수기업들
- 신의와 신뢰를 중시

　중국 장수기업의 역사는 청나라 시대 이미 금융왕국을 건설한 전설의 거상 교치용의 철학에서 그 비밀을 찾는다. 교치용은 "의리와 신용을 지키는 상인에게 이익이 따라온다"라고 했다.

　어려울수록 신의를 중시했던 만두집 두이추는 창업 이후 단 하루도 가게 문을 닫은 적이 없다. 그게 바로 276년간 두이추가 사랑 받은 이유다. 두이추는 오랫동안 몸에 밴 진상晉商들의 습관대로 1년 365일 동안 문을 열고 장사를 했다. 진상은 러시아 짜르에까지 돈을 빌려줬던 중국의 대표적인 '왕서방' 들이다.

　한약방 퉁런탕은 "다 함께 인덕을 쌓는다"는 모토로 지난 345년을 이어왔다. 퉁런탕은 약을 무료로 나눠주면서 신뢰를 쌓았고, "약을 만들 때 아무도 보지 않지만 하늘이 알고 있기 때문에 정성을 다해야 한다"는 정신으로 품질 제일주의를 지켰다. 신뢰를 제일의 명예로 여기는 전통과자 다오샹춘도 마찬가지다.

아시아 최대 와인 강국인 중국의 장위 포도주는 '좋은 재료와 능력 있는 사람과 최신설비'로 중국인들의 입맛을 사로잡았다. 장위 포도 주는 중국 전역에 350여 개 판매망을 세우고 중·고가 제품은 물론 전략적으로 저가 포도주도 함께 선보였다. 1892년 애국심 강한 장비 스가 '장위양조공사'를 세우면서 역사가 시작되었는데, "원료는 우 수한 것을 쓰자, 사람은 능력 있는 사람을 모셔오자, 기구는 새로운 것을 설치하자"는 '3필 원칙'을 강조하며 매출을 끌어올리고 있다.

120년 장수기업 라이언
- 이웃과 사람을 중시하는 경영

라이언은 전 세계 10위 안에 드는 생활용 스킨케어 제조업체로 한국을 포함한 8개국에 진출해 있다. 국내에서는 세제 '비트', 세척제 '참그린' 등을 제조 판매하고 있다. 라이언은 일본 정부가 '가치 있는 공익재단'으로 지정한 치위생연구소도 89년간 운영하고 있다. 기업들을 방문해 직원들의 치아 상태를 진단하고 스케일링을 해주기도 한다. 사회에서 얻은 이익을 사회에 환원하자는 의미에서 비즈니스라고 생각하지 않고 꾸준히 오랜 기간 진행해왔다. 이 활동이 브랜드 가치를 향상시키고 제품의 신뢰도도 함께 높여주었다고 한다.

이들의 사회공헌 활동의 시작은 100년 전으로 거슬러 올라간다. 당시에는 생소하던 '쿠폰'을 활용했다.

"'자선Charity치약'이라고 해서 치약 케이스에 자선 티켓을 붙인 제품을 70여 년간 판매했어요. 치약을 다 쓴 다음 자선단체에 가지고 가면 그 자선단체는 이 티켓을 라이언으로 보내고, 라이언은 그에 상응하는 금액을 자선단체에 기부하는 방식이었습니다. 지금은 이런 시스템을 많이 활용하지만 그 당시에는 매우 독특하고 획기적인 발상이었죠."

120년 전 생소했던 것은 쿠폰 뿐만이 아니다. "치약으로 이 닦는 방법을 노래로 만들자"는 것이었다. 결과는 성공이었고 이들은 120년째 치약을 팔게 됐다. 라디오도, TV도 없던 시절 칫솔과 치약을 들고 일본 방방곡곡을 다니며 이들이 부른 노래는 일본 기업 최초의 CM송이 됐다.

장수기업 조긴
- 기술을 토대로 대 이은 신용이 밑천

일본 에도시대인 1798년에 창업해 의류와 인테리어 용품의 제조와 소매를 하는 장수기업이다. 도쿄 스미다墨田구의 소부總武선 긴시초 錦絲町역 남쪽 출구에서 오른쪽으로 약 300미터쯤 걸어가면 오른편에 9층짜리 건물이 나타난다. 평범한 외관의 1층 잡화 가게 옆에는 '조긴' 이라는 작은 간판이 눈에 띈다.

평범해 보이는 외관과 달리 조긴의 역사를 들여다보면 깜짝 놀라지 않을 수 없다. 200년을 훌쩍 넘은 장수기업이기 때문이다. 창업자는 '오미近江상인' 으로 불리던 사가佐賀현 출신의 행상인 고바야시 긴에몬小林吟右衛門이다.

일본의 5대 상인 중 하나로 꼽히는 오미상인은 1600년대부터 모기장과 칠기 밥그릇, 포목 등을 팔기 시작한 '상인 중의 상인' 이다. 세계 자동차 1위 기업인 도요타 자동차와 세계 최대의 보험회사인 일본생명, 이토추伊藤忠상사, 세이부西武그룹 등 기라성 같은 기업의 모태이기도 하다.

고바야시는 어릴 때부터 조지야丁子屋라는 이름으로 포목 행상을 했다. 현재의 회사 이름 조긴은 바로 '조지야의 고바야시 긴에몬'을 줄인 것에서 유래했다.

고바야시의 8대손인 고바야시 가즈오小林一雄사장은 사원들에게 오미상인의 경영이념 중 하나인 '삼보요시三方良し·세 가지가 좋음'를 자주 강조했다. '삼보요시'는 "파는 사람도 좋고, 사는 사람도 좋고, 세상도 좋다"는 의미다. 파는 쪽도, 사는 쪽도, 그리고 사회 전체에도 이익이 돼야 한다는 오미상인의 정신이 담겨 있다. 개인 간의 신뢰를 넘어 사회 전체에 대한 신뢰를 강조하는 이념을 바탕으로 장수해온 셈이다.

578년의 세계 최고 장수기업 콘고구미
- 백제 후예가 세운 사찰 전문기업의 자존심

백제 후예가 만든 세계 최고 장수기업, 일본 오사카에 있는 목조 건축회사 콘고구미金剛組의 설립연도는 578년이다. 설립자는 백제 목공 기술자 유중광콘고 시게미츠 · 金剛重光이다. 유중광은 593년 일본 최고最古의 사찰 시텐노지四天王寺를 건립했다. 일본 고베에 위치한 이 사찰은 1995년 10만 채의 건물이 완전히 파괴된 고베 지진에도 끄떡없었다. 이 사건으로 "콘고구미가 흔들리면 일본 열도가 흔들린다" 는 말이 생겼다.

19세기에 들어 사찰 건립에 대한 일본 정부의 보호가 없어지고 일본 사회도 서구화되면서 사찰 관련 수익이 자연스럽게 줄어들었다. 버블경제의 붕괴로 말미암아 콘고구미는 큰 타격을 입었다. 결국 2006년 1월 일본 중견 건설업체 '타카마츠 건설' 에 회사 영업권을 넘겨주는 형식으로 흡수 합병됐다. 하지만 일본 내 주요 사찰의 관리와 보수는 여전히 콘고구미의 손에 의해 이뤄지고 있다. 따라올 곳이 없는 독보적인 기술력과 완벽주의의 가치는 여전하기 때문이다.

콘고구미의 첫 번째 장수비결은 "문을 활짝 열어놓지 말라", 즉 사업을 넓히지 말고 핵심사업에 집중했다는 것이다. 콘고구미는 주택이나 상업용 빌딩으로 사업을 크게 확장하지 않고, 사찰이나 성곽 중심 목조건축이라는 한정된 분야에 전념해왔다. 사업을 확장하다보면 눈이 닿지 않는 부분이 생길 수밖에 없고, 눈이 닿지 않으면 결국 부실로 이어진다는 생각이 이처럼 콘고구미가 한 우물 경영을 고수한 이유다.

두 번째 비결은 기술 중심의 완벽주의다. 콘고구미에서는 사장을 메이쇼오, 즉 '명장'으로 부른다. 자기 분야의 최고 장인, 사찰 건축의 대목수가 되어야 콘고구미의 사장이 될 수 있다는 의미다. 그만큼 기술을 중시한다는 뜻이다.

콘고구미는 1000년 넘게 이어온 목조건축 노하우에 고강도 콘크리트, 내화기술 같은 최신 기술을 접목함으로써 경쟁사를 능가하는 기술력을 쌓아왔다. 실제로 콘고구미는 건물 겉면보다 천장이나 땅 속에 묻히는 부분에 더 좋은 자재를 쓰고, '사장은 현장의 귀신'이라는 말이 나올 정도로 완벽을 추구하는 것으로 유명하다.

콘고구미는 기술주의와 완벽주의, 그리고 본업충실주의를 통해 장수하는 기업의 표상을 보여주는 동시에, 또 한편으로는 사업 환경 변화에 늘 대응해야 하는 기업, 그리고 경영자의 숙명을 일깨우는 사례가 될 것이다.

세계에서 가장 오래된 여관 호시료칸
- 가족 경영의 전통 계승

일본 서북부 해안 지역을 끼고 있는 옛 나라 지역인 이시카현 고마츠시. 이곳에는 718년에 세워진, 전 세계에서 가장 오랜 역사를 가진 여관인 호시료칸法師旅館이 자리 잡고 있다.

'천년 기업'을 이미 오래 전 뛰어넘은 호시료칸은 일본 장수기업의 전형적인 경영철학을 간직한 곳이다. 현재 이곳의 객실 수는 웬만한 호텔과 비슷한 70개, 종업원 수는 130여 명이 넘는다.

호시료칸은 불교 승려 타이초오 대사가 하쿠산白山에서 수행하던 중 "병을 치유할 수 있는 온천이 있다"는 하늘의 계시를 받고 제자인 사사키리 젠고로를 시켜 718년에 만든 온천장이다. 주변이 산으로 둘러싸여 기후가 온화하고, 3미터만 파면 미네랄 성분이 풍부한 온천수가 나올 정도로 온천에 최적화된 장소이다.

"창업자의 46대 후손입니다. 몇 년 뒤 아들에게 다시 료칸온천장을 물려주면 47대 손이 운영하게 되는 셈이죠."

　정확히 1289년의 역사를 가진 호시료칸의 대표 호시 젠고로蔘五
郎·72씨의 말이다. 호시료칸의 장수 비결은 전통적으로 지역 권력자
들이 '호시료칸' 보호 정책을 펴왔고 주민들의 끊임없는 애정도 또 다
른 바탕이 됐다. 무엇보다 일본 전통의 가족주의 경영과 집안 대대로
내려온 '겸손의 미덕' 이 호시료칸의 역사를 가능케 했다.

　요즘도 호시료칸은 고위 정치인과 연예인들의 발길이 끊이지 않
는 최고의 명문 료칸 중 하나로 손꼽힌다. 한 해 손님 수가 4만 명에
이르며 경기가 좋았던 10년 전에는 7만여 명의 방문객이 다녀갔다.

　몇 차례 화재를 겪은 탓에 건물 원형은 변했지만 200년 이상 된 다
도실과 건물 현관, 수령 500년이 넘은 나무로 채워진 정원은 호시료
칸의 또 다른 경쟁력이다. 철저한 서비스 정신은 일본 내 유명 기업
들의 벤치마킹 사례가 되기도 한다. 오랜 전통과 가문에 대한 자부
심, 성실한 근로 윤리 등의 바탕이 있는 이상 호시료칸의 '또 다른 천
년' 은 불가능해 보이지 않는다.

백미러 제조업체 무라카미 카이메이도
- 시대를 읽고 고객의 니즈를 충족

일본 최대의 백미러 제조업체로, 1882년 창업 이후 135년 6대째 이어온 전형적인 가족기업이다. 매출액 547억 4,000만 엔, 종업원 1,155명으로 토요타는 70%를 쓰고 있다. 2008년 글로벌 위기에도 경상이익 8.4%를 기록했다.

처음에는 거울장인, 즉 작은 금속 장식품 판매 장인이었는데, 유리의 수요 확대를 예상하고 유리사업을 시작했다. 유럽의 기술을 도입해 은 처리 거울 생산을 시작했다. 젊은 여인들의 생활필수품 경대가 초창기 주력상품이었는데, 유리와 거울 산업이 성장가도를 달리기 시작했다.

철도건설이 본격화되던 때는 석유램프로 공전의 히트를 기록했다. 1940년대는 판유리 사업을 전개했고, 1950년대에는 건설용 판유리와 경대를 주력상품으로 패밀리 기업으로 명맥을 유지했다. 이어서

자동차산업이 유망산업이 될 것이라고 예견하고 자동차산업으로 전환했다. 1986년 눈부심을 방지해주는 백미러도 발명하고 1998년 거울 표면에 물방울이 맺히지 않는 백미러를 개발했다.

  그들이 말하는 성공 비결은 첫째, 과감한 의사결정, 둘째, 고객이 요구하는 니즈를 오버 충족하는 제품으로 장기간 신뢰를 축적한 것이다.

일본인의 식탁을 책임지는 고쿠부
- 300년을 이은 혁신의 힘

식품유통 전문 상사로 일본 술 도매업체 1위 기업이다. 창업자는 고쿠부 칸베, 창업연도는 1712년의 300년 전통 장수기업이다. 매출액은 1조6,000억 엔2013년 기준, 영업이익은 68억 엔2013년 기준, 거래처는 3만5,000여 곳에 이른다.

에도 막부 시대이던 1712년, 포목점을 운영하던 제4대 고쿠부 칸베는 간장 제조공장과 간장 점포를 개점하였다. 에도 막부와 다이묘에게 간장을 납품하며 성장하였는데 1868년 메이지유신으로 에도 막부가 무너진 후 간장 납품 대금이 회수되지 않으면서 존폐의 기로에 직면하였으나, 제9대 고쿠부 칸베1851~1924 대에 위기에 적극 대처하였다.

장수 비결은 경영 혁신에 있다. 1880년 주력이었던 간장 제조업을 포기하고 식품유통기업으로 변신하였다. 간장 판매를 통해 확보한 네트워크를 기반으로 1887년 캔 제품, 1888년 맥주 도매 등 당시로서는 혁신적인 제품을 취급했다. 20세기에도 편의점사업 진출 등 지속적인 혁신을 단행하였다.

또한 거래관계를 지속하며 상생의 길을 모색하였다. 거래업체의 위기 타개를 위해 '플러그 인Plug in' 모델을 개발하였는데, 이는 기존 상품 조달관계를 존중하는 선에서 매장 구성이나 상품 구성면에서 개선점을 제안한 것이다. 주류 라인업이 부족한 슈퍼마켓은 맥주, 사케, 와인 등을 제안하고, 가공식품 라인업이 부족한 슈퍼마켓은 카레, 조미료 등을 제안했다. 신구 경영의 조화와 '새로운 피' 가 혁신을 주도하게 하는 경영시스템도 장수의 비결이다.

토마토 가공업체 가고메
- 우리 제1공장은 밭이다

가업승계가 어려운 상황에서 오랫동안 한 우물만 팠는데 그 우물의 물이 말라버리면 어떻게 해야 할까? 이 질문에 대한 답을 잘 알고 있는 기업이 일본 최대 토마토 가공식품업체 가고메다. 창업 연도 1899년인 이 기업은 연간 매출이 1,870억 엔약 1조5,000억 원으로, 일본 토마토 소비량의 25.5%, 당근 소비량의 15.1%를 공급한다.

가니에 이치타로 창업주가 팔리지 않는 토마토를 처분하기 위해 고심하다가 가공해 판매한 것이 사업의 시초였다. 주요 제품은 토마토와 당근 등 채소 가공식품이다.

현재 일본 국민이 소비하는 토마토와 케첩 등 토마토 가공식품의 25%를 공급하고 있다. 연간 35만 톤에 이르는 엄청난 양의 토마토를 원료로 사용하면서도 시장 가격의 요동에 끄덕하지 않는 비결은 '밭이 제1공장' 이라는 가고메의 경영철학에 숨어 있다. 일반적으로 식품 가공업체는 대부분 원료를 시장에서 사다 쓴다. 하지만 가고메는 창업 초기 장기계약을 한 농가에서 토마토를 조달해왔다. 일본 국내 조달시장의 경우 100% 장기계약 농가에서 토마토를 사들인다.

가고메 모델의 성패는 수많은 '제1공장밭'의 품질을 일정한 수준 이상으로 관리할 수 있느냐에 달려 있다. 이 문제를 해결하기 위해 가고메는 오래전부터 해외출장을 가는 사원들에게 한 가지 '특명'을 내렸다.

"손에 넣을 수 있는 토마토 씨앗을 전부 수집해올 것."

이들이 일본으로 들고 온 씨앗은 도치기 현 나스시오바라 시에 있는 종합연구소로 보내진다. 식품가공업체인 가고메가 토마토 씨앗에 이렇게 공을 들이는 이유는 '제1공장'의 품질 관리가 씨앗 단계에서 이뤄지기 때문이다.

기업이념을 중시한 마쓰시타 전기
- '경영의 신'이 만든 전설

일본에서 '경영의 신', '경영의 구루'로 불리며 가장 존경받는 경영자 중 한 사람인 마쓰시타 고노스케 회장이 세운 회사다. 대한민국 1세대 기업인들뿐만 아니라 잭 웰치나 마이클 포터 교수 등 세계적인 경영 전문가들이 그를 롤 모델로 삼았다. 그는 1918년 기업을 설립하고 60년에 걸쳐 사업을 하면서 기업이념의 소중함을 절실히 느꼈고, 저서 《위기를 기회로》를 통해 그 중요성을 강조했다.

마쓰시타 고노스케가 말하는 기업이념은 사업을 통해서 시장과 사회에 어떤 공헌을 하며 살아갈 것인가를 중시한다. 창업자가 가진 업에 대한 생각, 고객에 대한 생각, 직원에 대한 생각 등 경영 활동을 해나가는 데 있어 가지고 있는 기본적인 사고방식으로 기업의 특성이나 정체성을 나타낸다.

"사업을 경영하는 데 기술, 판매, 자본, 인재 등은 모두 중요한 요소다. 하지만 무엇보다 가장 근본이 되는 요소는 바로 기업이념이다. 즉, '우리 회사는 무엇을 위해 존재하는가', '경영의 목적은 무엇인가', '어떻게 경영을 해야 하는가' 라는 물음에 대해 확고한 신념이 있어야 한다. 경영이념이 근본에 바로 서 있어야만 다른 경영 요소가 진정한 가치를 발휘할 수 있기 때문이다. 우리 회사의 기업이념은 전쟁 전후를 막론하고 기본적으로 큰 변화가 없었다. 이렇게 초지일관 한 가지 기업이념에 입각해 경영해온 결과 사회의 지지를 받을 수 있었고, 오늘날처럼 발전할 수 있었다."

700년 역사의 무라노 글라스
- 변화와 혁신으로 젊음을 유지

'무라노 글라스' 혹은 '베니스 글라스'로 이름 높은 베니스 무라노 섬에서 1295년 설립돼 수제 유리공예품으로 719년을 버텨온 기업이다. 현존하는 회사 중 세계에서 6번째로 오래된 기업으로 20세기 후반부터 고도로 세련된 유리공예 기법을 활용해 고급 조명기기를 만들어낸다. 사우디아라비아 왕실 등 상류층은 물론 루이비통, 까르띠에, 돌체&가바나, 포시즌 호텔, 리츠칼튼 호텔 등 명품 브랜드, 고급 호텔, 세계 부호들이 열광한다. 2010년 2,000만 유로였던 기업가치는 현재 3,000만 유로로 50% 가까이 뛰었다.

핵심 경쟁력은 탁월한 유리공예 기술과 장인 정신, 최상급 명품의 소량 생산이다. 700여 년 역사 동안 회사가 흔들림 없이 지켜온 원칙이기도 하다. 유리공예라면 둘째가라면 서러워할 달인들이 모여 있는 무라노, 그중에서도 바로비에르 가문의 기술력은 타의 추종을 불허한다는 평을 받는다. 바로비에르 가문 기술자들은 '칸네' 라는 긴 철제 대롱을 통해 불에 달궈진 유리를 입으로 불고 각종 도구를 사용해 모양을 만들어내고 화려한 색을 입히기도 해 예술작품을 만들어내는 기술로 달인 경지에 오른 사람들이었다.

인터넷 발달과 시대 변화로 지금은 모든 기술이 대중에게도 오픈되는 시대다. 더 이상 유리공예 기술에서 '숨겨진 비급' 은 존재하지 않는다. 디자인도 쉽게 모방할 수 있다. 하지만 같은 기술을 사용해도 바로비에르 & 토소 장인들의 숙련된 기술과 감각은 쉽게 따라오지 못한다. 비결은 철저한 장인 정신과 끊임없는 연마에 있다. 바로비에르 대표는 "18세가 되면 공방에서 일을 시작할 수 있다" 며 "엄격한 수련과 기술 연마 과정을 20년은 거쳐야 비로소 장인artisan으로 인정받을 수 있다" 고 한다.

바로비에르 & 토소는 핵심 역량과 가치, 전통을 바탕으로 지속적인 혁신과 변신, 확장을 해왔다. 700년 역사에서 더 아름답고, 더 정교하며, 더 얇고, 가벼우면서도 튼튼한 공예품을 만들기 위해 끊임없는 기술 개발은 멈춘 적이 없다.

17대손 에르콜 바로비에르는 색채와 디자인, 새로운 합성법은 물론 좀 더 효율적인 유리 생산법 연구에서 탁월한 업적을 남기며 바로비에르 가문의 새로운 중흥기를 일궈냈다. 이탈리아 기업인에게 수

여하는 최고 훈장인 명예기사 작위를 받기도 한 그는 무려 2만 5,000 가지가 넘는 새로운 디자인을 만들어냈고 '비용융 가열채색법염료를 파우더 형태로 유리 표면에 고온 분사해 색을 발현하는 기술'을 개발하고 특허도 여러 건 취득했다.

조명 분야에서도 변화와 혁신은 계속 진행형이다. 작업은 장인 손을 거치지만 디자인과 개발 과정에선 첨단 컴퓨터 그래픽 프로그램을 활용하고 품질관리 부서에서도 첨단 정밀장치로 철저한 품질검사를 시행한다. 최근에는 LED 조명과 에너지 절감 등 신기술을 고유의 심미안적 디자인과 결합하는 시도를 하고 있다.

가족기업이 지닌 폐쇄성을 극복하기 위해 1970년대부터는 글로벌 기업으로 도약하기 위해 경영시스템도 혁신했다. "좋은 제품만 잘 만들면 된다"는 사고방식으로는 시대 변화와 시장 요구를 따라갈 수 없었기 때문이다. 영업과 판매, 수출, 기술, 행정, 구매, 홍보 전문가들을 영입하고 좁은 내수시장을 벗어나 수출로 눈을 돌렸다. 5개 대륙에 지사를 설립하고 50여 개 국외 에이전트들 간 촘촘한 네트워크를 구축했다. 바로비에르 대표는 "나는 장인이나 디자이너가 아니라 경영자"라며 "내가 창조성을 발현하기보다는 직원들이 창조성을 발휘하도록 동기 부여하는 게 내 몫"이라고 강조했다.

총의 세계적 명가 베레타
- 전쟁을 책임진 총기 명가의 한우물 경영

　1526년에 설립되어 500여 년 역사를 자랑하는 총의 명가 베레타는 화승총 총신 185개를 베네치아 병기창에 납품하면서 시작됐다. 200년 이상 된 기업만 회원으로 있는 '에노키앙 협회' 정회원사다.

　이탈리아 알프스 산기슭에 자리잡은 브레시아 지방의 소나무가 울창한 트롬피아 계곡Val Trompia의 가르도네라는 소도시의 공방으로 출발했다. 총기장인 바르톨로메오 베레타가 이곳에서 나오는 풍부한 철광석을 녹여 화승총 총열을 만드는 제조장을 만든 게 시초다. 당시는 이탈리아 르네상스의 전성기로 레오나르도 다빈치가 한창 걸작품을 만들고 있을 때였다.

　현재는 우고 구살리 베레타와 그의 두 아들인 피에트로와 프란코가 대를 잇고 있다. 500년간 가족기업 형태를 유지하면서 총기제작이라는 한우물을 팠다. 베레타 USA는 미국 뉴욕 증시에 상장되어 있으며, 베레타의 지주회사인 베레타 홀딩스의 경우 매출이 2013년 6억 3,820만 유로약 7,600억 원를 기록했다.

영국의 〈제임스 본드〉 시리즈에 거의 빠짐없이 등장하는 베레타 권총은 이탈리아 장인인 바르톨메오 베레타가 처음 만들었다. 전쟁광 나폴레옹은 1798년 프랑스 혁명 후 베레타 총으로 무장한 군대로 유럽을 석권했다. 1차 세계대전 때 이탈리아군은 베레타의 경기관총으로 무장했으며, 2차 세계대전 당시 무솔리니는 베레타 총을 믿고 전쟁을 시도했다. 또 일본은 1938년 상륙군 무장을 위해 베레타에서 소총을 직접 수입했다. 1985년 미국은 콜트 45구경 권총 대신 베레타의 9mm M9을 휴대무기로 선정해 50만 정 5,600만 달러 어치를 사서 걸프전에 참전한 병사들이 소지하도록 했다. 미국 총기 역사에서 '1985년 쿠데타'로 불리는 사건이다.

베레타는 9mm 권총을 이탈리아 경찰과 프랑스의 전투경찰, 미국 텍사스 경찰조직인 텍사스 레인저스, 미국 육군과 해군, 캐나다 국경수비대, 스페인과 터키 경찰 등에 공급해 권총의 명가로 자리매김했다. 현재 권총과 라이플, 사냥총 등을 하루 평균 1,500정 생산하고 있으며 이 가운데 75%를 100여 개 국에 수출하고 있다.

600년을 이어온 포도주 명가 마르께지 안띠노리
- 잘하는 일에 집중하자

포도주의 명가 '마르께지 안띠노리' 는 새로운 문제에 부딪쳤을 때 과감히 후대에게 모든 것을 넘겼다. 각자의 장점을 살릴 수 있도록 사업을 분할해 물려줬다.

19세기 이탈리아 포도주 산업은 소작농과 같은 옛 방식을 유지하고 있었다. 당시 경영자 삐에로는 더 나은 포도주를 만들어 계속 번창하기 위해서는 획기적인 변화가 필요하다는 것을 금세 알아 차렸다. 1800년대 중반 이탈리아 통일 후 통일에 기여한 안띠노리는 후작이나 백작에 해당하는 마르께제Marchese의 작위를 받으며 가문의 문장에 넣을 좌우명으로 '뛰어난 품질을 추구하라' 를 선택했다.

1년에 150만 상자의 포도주를 생산하고 연간 매출이 8,700만 달러에 달하는 기업인데 조직 구조는 매우 단순하다. 주식의 100%는 안띠노리 집안이 소유하고 있고 휘트 브레드와의 약간의 연대를 제외하면 회사의 구조는 1835년 이래 거의 같다고 할 수 있다.

먼저 와서 새 길을 닦고, 먼저 부딪치는 위험을 감수할 뿐만 아니라, 따라오는 다른 사람들을 위한 자리와 기회도 만들어놓는다는 기업 철학을 가지고 있다.

20세기 유럽 주부의 삶을 바꾼 헨켈
- 세제에서 우주선으로 진화 중

1907년 헨켈은 세계 최초로 세탁용 세제인 '퍼실Persil'을 선보였다. 퍼실은 지금도 유럽에서 가장 유명한 세제다. 퍼실 개발 이후 유럽 가정주부의 빨래 시간이 대폭 줄었다고 할 만큼 당시 획기적인 제품이었다.

헨켈의 기술력과 매출 대부분은 접착제, 표면처리제, 실런트 등 접착기술 부문에서 두각을 나타낸다. 로시어 사장은 "세계 1위 접착제 생산 회사로 헨켈에서 생산하는 10개 브랜드에서 나오는 매출이 전 세계 시장의 약 80%를 차지한다"고 강조했다.

독일의 작은 마을에서 세탁세제로 시작해 우주항공분야의 기술력을 가진 기업으로 진화한 헨켈은 세제, 가정용 살충제 홈키파, 홈매트로 우리나라에게도 친숙하다. 로시어 사장은 장수기업 헨켈의 혁신 배경에는 처음부터 '맞춤형 솔루션'이 있었기 때문이라고 했다.

기존 염소계 세제와 달리 세탁물을 탁월하게 표백시켜 손으로 비비지 않아도 자동 세탁이 되는 혁명적인 세제였다. 더불어 글로벌 생활용품 브랜드로도 자리잡았다.

헨켈은 1차 세계 대전이 발발하자 원자재 부족으로 제품 포장을 위한 접착제 수급에 문제가 생긴 상황을 신속히 파악해 발 빠르게 접착제 개발에 착수했다. 1922년에는 경영상의 자체 용도용지, 판자, 포장용를 위해 접착제를 생산했다. 이듬해인 1923년에는 인근 기업에 접착제 판매를 시작하며 접착제 전문 제조업체로서 성장 발판을 마련했다. 커피머신, 신기술의 집합체 아이패드 등 생활 속에 쓰이는 많은 제품에 헨켈의 기술이 녹아 있다. 자동차, 금속 등 일반 산업부터 각종 소비재와 건축용, 라벨, 신사업과 통합 솔루션 등 각종 기기에 적합한 접착제 솔루션을 모두 확보한 유일한 기업이다.

첨단 접착제 수요는 계속해서 늘고 있다. 조명이 뜨거워져도 접착 기능을 유지하는 접착제, 모바일 기기에서도 에너지 소비량을 절감하고 배터리 수명을 늘리는 특수접착제 등 다양한 분야에서 활용도가 높아진다. 볼트와 너트 연결, 각종 용접 등도 접착제로 대체하면 외형도 가벼운 제품을 만들 수 있다. 헨켈은 이를 위한 기술 투자에 적극적이다. 지난해 R&D 분야에 전 세계적으로 4억1,000만 유로매출액의 2.5%를 투자했고, 해당 분야에만 2,650명을 고용했다.

현존 최고의 광학기기 업체 칼 자이스
- 고객과의 밀접한 소통

1846년 독일 예나에 설립된 칼 자이스Carl Zeiss는 현존하는 광학기기 제조사 중 가장 오래된 기업이다. 고품질 현미경 렌즈 개발부터 반도체, 자동차・기계공학 산업, 안경・카메라 렌즈 등으로 사업 분야를 확장했다. 주력 사업은 현미경 연구 장비로 전 세계 관련기업 중 유일하게 광학현미경, X-Ray현미경, 전자현미경 등 광범위한 영역의 포트폴리오를 보유하고 있다.

칼 자이스가 장수기업으로 생존할 수 있었던 비결은 고객과 밀접하게 소통하고 이를 신제품 개발에 적극 반영한다는 점이다. 현미경을 사용하는 물리학자 등의 기초과학 연구자와 산업계 전반의 의견은 제품 R&D 과정에 반드시 반영한다. 고객 요청에 따른 별도의 맞춤형 제품을 제공한다는 것도 주요 특징 중 하나다. 이를 위해 매년 본사에서 '자이스 캠퍼스 프로그램'이라는 공식적 직업훈련 프로그램OJT을 열고 있다.

필기구 생산업체 파버카스텔
- 대를 이어 변함없는 기업철학

1883년 빈센트 반 고흐는 친구인 네덜란드 화가 안톤 반 라파르트에게 편지를 썼다.

"내가 쓰는 이 연필은 딱 알맞은 굵기에 부드럽고 질이 좋아. 부드러운 나무를 사용하고 겉엔 짙은 녹색으로 칠했는데 하나에 20센트야."

여기서 묘사된 녹색 연필이 독일의 파버카스텔 제품이다. 지금도 팔리고 있는 스테디셀러다. 1761년 설립된 세계에서 가장 오래된 필기구 회사인 파버카스텔은 철저한 후계자 교육 후 경영에 참여시키고, 전통과 품질을 유지하며, 디지털과 아날로그의 시너지를 극대화되는 것을 추구하고 있다.

대표적인 가족 경영 회사로, 필기구 분야의 기술집약형 경쟁력으로 매년 1조 원 이상의 매출을 거두며 14개국에 생산공장, 23개국에 해외지사를 운영하고 있다. 몇 년 전엔 창립 250주년을 기념해

다이아몬드가 박힌 9,000만 원짜리 만년필 10개를 선보였는데 금세 다 팔렸다.

파버카스텔 백작은 미국 컬럼비아대에서 MBA를 마친 뒤 미국 금융가와 독일 유통업계에서 근무했다. 그는 "리더는 바뀌어도 기업의 철학은 변함없다는 게 가족 경영의 자부심이자 장점"이라며 "전통과 품질은 꾸준히 유지하되 크고 작은 혁신을 추구하기 위해 노력하고 있다"고 말했다. 또한 "과도한 사업 확장은 기업의 존속을 위협하는 일이기 때문에 엉뚱한 분야로 한눈팔지 않는 것이 중요하다"며 "오래가는 회사가 되려면 직원들의 복지와 사회적 책임에 아낌없이 투자해야 한다"고 지적했다.

파버카스텔은 30여 년 전 브라질 남동부 사막에 소나무숲을 조성해 연필 제조에 필요한 목재를 충당하고, 1884년 세계 최초로 임직원 자녀를 위한 유치원을 설립하기도 했다.

(출처: 한국경제신문 2017.10.23.)

명품 카메라 라이카
- 고품질과 혁신의 아이콘

역사적으로 카메라산업은 부침이 큰 산업이다. 코닥 등과 같은 필름 카메라를 만들어온 기업들은 역사 속으로 사라지고 있는데 라이카는 여전히 건재하고 있다. 명품 카메라 '라이카' 는 1849년 독일 광학도시 베츨라에서 탄생했다.

1914년 세계 최초의 개인용 휴대용 카메라 '우르 라이카' 는 카메라 대중화에 시발점이 되었다. 2014년 디지털카메라는 장인이 알루미늄 통을 직접 만들고 렌즈도 장인이 직접 조립해서 만드는 고전 방식으로 거듭났다.

라이카의 첫 번째 원칙은 최고의 카메라를 만드는 것이다. 라이카 카메라 1대를 만드는 데 100여 가지 공정을 거친다. 일부 컴팩트 디지털카메라를 제외한 모든 카메라가 수작업으로 만들어진다. 하루 카메라 생산량은 단 50대에 불과하다.

최고의 카메라를 만든다는 것이 라이카의 기업 가치다. 라이카는 소형 카메라의 원조다. 그만큼 자존심도 높다. 최고의 카메라를 만들기 위해 1대 카메라를 생산하는 전 과정을 기록한다. 부품의 종류, 조립날짜, 조립자 이름, 싸인까지, 이 내용이 품질보증서에 담긴다. 검수과정도 60가지다. 조립보다 검수에 시간이 더 걸린다. 그만큼 품질에 최선을 다한다. 명품 카메라는 이렇게 만들어진다.

두 번째 원칙은 최고의 화질을 유지한다는 것이다. 라이카는 카메라 렌즈의 제작과정을 철저히 보안에 붙인다. 최고의 화질의 핵심기술이 렌즈에 있기 때문이다. 그렇다고 다른 재료를 사용하지는 않는다. 다만 제품 특성에 맞는 렌즈를 개발하고, 렌즈 재료의 고유한 특성을 카메라에 반영할 뿐이다. 라이카 카메라의 렌즈는 끊임없이 진화한다.

세 번째 원칙은 고객과 함께하는 것이다. 라이카는 카메라 이용자의 용도를 철저히 고려하여 카메라를 만든다. 다큐멘터리 제작에 맞게 가볍고, 견고하고, 조용한 카메라를 만들어 고객과 친숙하게 다가간다. 라이카 카메라의 어떤 제품도 수리가 가능하다.

독일 면세업체 하이네만
- 가족 경영 원칙과 100년 이상의 거래처 유지

2014년 9월 호주 시드니에서 글로벌 면세업체 간 뜨거운 경쟁이 치열했다. 시드니 공항의 면세점 유치전에 글로벌 기업들이 뛰어들었다. 공항 면세 운영권은 독일 장수기업인 하이네만에게 돌아갔다.

하이네만은 1879년 독일 함부르크에서 칼 하이네만과 하인리히 하이네만 형제가 선박에 면세점을 납품하면서 시작되었다.

1950년대 전후에 해외여행 수요가 폭발적으로 증가하면서 항공기, 공항, 항구 등에 면세품을 공급하였고 면세점업계에서 두각을 나타내고 있었다. 이후 안정적인 가족 경영체제를 통해 중요 의사결정을 보완하여 면세업체로 생존해왔다.

다른 면세점과 다른 차별성은 공항과 항구에서 면세품을 파는 리테일 기업이면서도 전통적으로 면세품을 파는 홈세일 업체로 전통을 유지하고 있다는 점이다. 오랫동안 유럽에서 화장품, 향수, 담배

등 명품 브랜드와 관계를 맺고 주요 고객인 공항과 항구와 장기적인
신뢰관계를 갖고 있는데 이것은 면세업계에서는 이례적이고 의미
있는 시도였다. 장기간 이해관계인 네트워크의 막강한 힘은 하이네
만이 높은 수익성 모델을 유지하는 데 핵심기반이 되었다.

독일을 대표하는 장수기업 지멘스
- 변화와 혁신의 생존비결

지멘스는 1847년 발명가인 베르너 폰 지멘스가 독일 베를린의 자신의 집 차고에서 시작하면서 출범했다. 전신시설업을 시작으로 지금은 독일 최대의 전기전자 그룹이 됐다.

끊임없는 변화를 위해 매년 정교하고 정확도 높은 미래예측 연구인 '미래의 그림PoF · picture of future' 이라는 보고서를 매년 2회 발간한다. 보고서는 각 산업을 면밀하게 분석해 사업 동향과 미래 전망, 지멘스가 겪을 시나리오 및 전문가 인터뷰 등을 포함한다.

지멘스는 두 번의 세계대전과 여러 차례의 위기도 버텨냈다. 지금은 212개국 34만3,000명 직원이 근무하며 연매출 719억 유로90조 2,000억 원, 신규 수주 784억 유로2014년도 회계 기준를 기록하는 글로벌 기업이다. 이 회사보다 많은 나라에서 활동하는 조직은 천주교회와 국제축구연맹FIFA밖에 없다.

앙겔라 메르켈 독일 총리는 지멘스를 일컬어 '독일 경제의 대표a flagship of German economy' 라 평했고, 미국 시사주간지 〈타임〉은 옛 서독을 가리켜 '지멘스 국가The State of Siemens' 라 언급했다.

미국에 GE제너럴일렉트릭가 있다면 독일엔 지멘스가 있다. 에너지 · 발전 · 전기 · 전자 · 산업자동화 · 도시 및 인프라 · 헬스케어 등 분야에서 GE와 경쟁하며 세계시장을 양분하고 있다.

170년 장수 비결은 변혁하는 능력, 지속 가능성 및 준법경영에 대한 집중, 글로벌 트렌드에 대응하는 노력이다.

창업주 베르너 폰 지멘스는 직원들을 회사의 공동 소유주로 여겨야 한다는 신념을 갖고 임직원들에게 회사에 투자할 수 있는 기회를 제공했다. 이익을 임직원들과 나누고 직원들 노력에 보답해야 한다는 생각이다. 직원들에게 회사 주식 소유 기회를 제공하는 다양한 프로그램을 시행해왔다.

2014년 5월에 전력화, 자동화, 디지털화 분야에 집중 투자하고 이에 맞춰 조직을 재편한다는 '지멘스 비전 2020' 을 발표했다. 같은 해 9월엔 가전사업 철수를 결정하고 미국 유전설비 제조 및 에너지 장비업체 드레서랜드와 12월에는 롤스로이스 에너지, 항공기전용 가스터빈 및 컴프레서 사업 인수를 발표했다.

또한 제조업의 위기를 돌파하고자 '제조업의 스마트화' 를 선언하고 '스마트 공장'으로 진화를 택했다. 이를 위해 2007년 1월 소프트웨어 업체 UGS를 인수한 것을 시작으로 2012년 2개의 소프트웨어업체를 인수했다.

독일을 대표하는 장수기업인 지멘스의 조 케저 회장은 기업처럼 국가도 변화하는 환경에 대한 적응력이 경쟁력을 좌우한다고 역설했다.

세계 1위 보일러 회사 바일란트
- 차별화된 기술력과 발 빠른 대응

독일 렘샤이트에 위치한 보일러 회사 바일란트는 140년의 차별화된 기술력을 자랑한다. 140년 전 독일 북서부에 위치한 소도시 렘샤이트는 춥고 비가 많이 왔다. 겨울에 일사량이 극히 적었다. 창업주인 요한 바일란트는 1874년 회사를 설립해 직접 보일러 등 난방기기를 만들었다.

바일란트는 신재생 에너지를 포함한 프리미엄 친환경 고효율 난방 및 환기 시스템으로 독보적으로 성장했다. 현재 전 세계 20개국 지사를 두고 75개국에 제품을 판매하고 있다. 연간 170만 대의 가스기기를 전 세계에 공급한다. 연매출은 24억 유로(약 3조1,000억 원)로 현재 보일러시장 세계 점유율 1위다.

연료를 태우면 탄소 배출로 미세먼지를 발생시킨다. 사회의 '필요악'이 될 제품에서 탈피하기 위해 바일란트는 오히려 온실가스를 줄이는 노력에 앞장섰다. 2015년부터 독일을 비롯한 유럽의 주요국들은 콘덴싱 외에는 설치를 금지시켰다. 콘덴싱 방식은 물을 끓이는 과정에서 손실되는 에너지를 다시 회수해 사용하는 기술이다. 버려지는 열을 열교환기로 모아 물을 데워 연료 소모와 탄소배출량도 줄어든다.

독일 장수기업들의 특징은 시대의 흐름에 오히려 발 빠르게 대응한다는 것인데, 끊임없는 혁신과 변화를 거듭하는 건 바일란트도 다르지 않다. 4차 산업혁명을 신성장동력으로 내건 바일란트 그룹은 지난 6월 독일 본사에 디지털 3D 프린팅 프로세스를 기반으로 한 새로운 전문역량센터 '3D-CUBE3D-큐브'를 오픈했다.

세계 최고 화학기업 바스프
- 장기 연구개발에 투자해 혁신을 이루다

1865년 염료사업에서 시작된 세계 최고의 화학기업 바스프는 비료에 필요한 암모니아 생산에 이어 플라스틱 제조에 나서면서 기능성 소재, 농업솔루션, 석유·가스 분야까지 사업 영역을 확대, 혁신을 주도하며 150년 이상 장수하고 있다.

바스프가 지금까지 세계시장을 주도하고 있는 이유는 '혁신'에 있다. 1885년 청바지의 파란색 염료인 인디고를 처음으로 상용화했고, 100여 년 전에는 화학비료를 최초로 생산했다. 지금 바스프는 인디고나 화학비료를 생산하지 않는다. 대신 전기차용 2차 전지와 화장품, 기저귀의 기초 원료 등 새로운 산업에 진출해 성과를 내고 있다.

단기 매출보다는 장기 연구개발에 집중해 핵심소재 원천 기술을 선제적으로 확보했다. 이들은 지금도 도시 생활이나 사회문제 해결, 태양광 비행기 등 장기 혁신을 위한 투자를 이어가고 있다.

 150주년 창립기념 기자간담회에서 쿠르트 복 바스프 회장은 "바스프 연구개발 원칙은 지속가능성"이라며 "모든 연구 개발은 경제·환경·사회라는 세 가지 면에서 균형을 맞춰가며 화학기술 혁신을 통해 인류가 직면한 문제를 해결하는 데 집중할 것"이라고 강조했다.

독일 명품 가전 브랜드 아에게
- 세계 최고의 이미지와 끊임없는 혁신

발명가 에디슨의 기술로 시작된 독일 명품 가전 브랜드 아에게AEG 는 1887년 에밀 라테나우에 의해 독일 베를린에서 설립되었다. 에디 슨의 발명품 중 몇 가지 특허 기술을 산업 분야로 도입하며 사업을 시작했다. 오늘날 아에게는 독일시장에서 10년간 점유율 및 판매 1 위 기업으로 독일인이 가장 선호하는 가전 브랜드다. 사업 초기에는 전기기기, 전열기, 전구 등 산업용 제품을 생산했고, 세계 최초로 완 전 자동 세탁기를 출시하면서 명품 가전 브랜드로 성장했다. 135년 의 역사와 전통을 가진 아에게는 견고한 품질과 내구성으로 유럽시 장에서는 최고급 제품으로 인정받고 있다.

전 세계에서 가전 브랜드로는 최고라는 이미지를 갖고 있으며, 시 대에 맞는 혁신과 변화를 통해 아이디어 상품을 계속 출시하여 혁신 의 아이콘으로 알려져 있다.

독일의 세계적인 헤어케어 브랜드 로벤타
-지속적인 혁신과 발전

세계 최고의 헤어케어 가전 브랜드 로벤타Rowenta는 1884년 독일인 로베르트 바인트라우트Robert Weintraud가 로벤타의 전신인 바인트라우트 & Co.Weintraud & Co.를 설립하면서 시작됐다. 로벤타라는 지금의 브랜드명을 갖게 된 것은 1909년부터다.

사업 초기에는 필기도구, 흡연용 액세서리, 세면화장용품, 벨트버클 등을 생산하다가 1920년대부터 다리미, 토스터기, 커피메이커, 전기 주전자 등의 소형 가전제품을 생산하기 시작했다. 국내에는 2007년 헤어 제품군과 퍼스널 케어 제품군으로 진출하였으며, 최근 국내 이미용 가전 시장에서 우수한 성능의 헤어드라이어와 헤어스타일링 기로 여성 소비자들의 사랑을 받고 있다.

'독일산Made in Germany' 이라는 원산지 표시는 1887년 등장했다. 품질이 떨어지는 독일산 제품을 구별하기 위해 영국 당국이 도입했다.

당시 독일은 후발 산업국이었다. 다양한 장인이 제품을 만들었지만 산업화 도입 시기가 영국보다 늦었다. 허술한 공장에서 나온 제품엔 불량품이 많았다. 독일산인지 모르고 구입한 소비자 원성이 높아지자 정부가 나선 것이다. 130년이 지난 지금 '독일산'은 전 세계에서 가장 신뢰받는 표시로 꼽힌다.

오스트리아의 자존심 스와로브스키
- 끊임없는 혁신과 소통

오스트리아 서부에 위치한 바텐스는 인구 8,000명 정도의 작은 마을이다. 그런데 매년 100만 명이 이 마을에 관광을 온다. 스와로브스키 창립 100주년 기념으로 만든 크리스털 테마파크인 크리스털 월드를 구경하기 위해서다. 스와로브스키의 혁신은 1892년 창립자 다니엘 스와로브스키가 최초의 크리스털 커팅기계를 개발하면서 시작됐다. 그는 1895년 오스트리아의 바텐스에 자신의 이름을 딴 회사를 세웠는데 그가 개발한 크리스털 커팅기계는 기존의 수공업 체제에서 벗어나 생산 공정이 기계화로 전환되는 역할을 했다. 1970년대 석유 파동으로 한때 어려움을 겪었으나, 1975년 발명한 투명 접착제를 이용해 만든 크리스털 마우스가 좋은 반응을 얻으면서 다시 도약했다.

스와로브스키의 장수 비결은 철저한 가족 경영에 있다. 창업자 다니엘 스와로브스키는 세 아들에게 자신의 지분을 똑같이 배분했다.

아버지에게 지분을 물려받은 형제는 모든 지분을 가족 내에서만 거래하고 후대에 공정하게 배분한다는 원칙에 합의했다. 그 원칙은 지금까지 지켜지고 있다. 스와로브스키가 세운 '크리스털 월드'는 세계에서 가장 반짝이는 테마파크로 유명하다. 거인의 입에서 폭포가 쏟아지는 형상으로 독특한 테마파크 내부는 크리스털 장식으로 꾸며진 명상의 방, 크리스털 숲 등 14개 주제로 구성돼 있다.

스와로브스키는 테마파크 운영을 위해 사내 관광사업부까지 두고 있다. 스와로브스키의 사업 영역이 그리 단순하지 않다는 방증이다. '스와로브스키' 하면 사람들은 대부분 영롱한 크리스털 액세서리를 떠올린다. 하지만 패션산업 및 건축 등에 이용되는 중간소재와 절삭 연마기계, 광학렌즈 등 액세서리 분야가 아닌 사업 영역도 다양하다.

장수비결의 첫 번째는 핵심 기술의 철저한 비밀 유지다. 창업자 다니엘이 굳이 알프스산으로 둘러싸인 시골에 공장을 설립한 이유는 경쟁사에 기술을 빼앗기지 않기 위해서였다. 스와로브스키의 인조 크리스털은 규석과 탄산칼륨, 산화연을 배합해 만든다. 이 배합률에 따라 크리스털의 투명도, 굴절률, 무게감 등이 달라진다. 이 배합률과 가열시간 등은 스와로브스키의 핵심 기술로 여전히 비밀로 남아 있다.

두 번째 비결은 혁신과 소통이다. 이 기업의 성장엔진은 끊임없는 기술 개발과 경영 혁신에 있다. 1913년 인조 크리스털 개발에 성공한 이후 1931년에는 크리스털이 박힌 봉제용 리본 '트리밍'을 처음 출시했다. 1956년에는 크리스찬 디올과 협력해 크리스털에 무지갯빛 광채를 더하는 AB효과를 개발해 지금과 같은 빛깔의 크리스털을 만들었다. 2003년에는 직물에 무수히 작은 크리스털을 뿌리는 방식으로 크리스털 섬유를 개발해 패션계에서 호평을 받았다. 가공기술의 끊임없는 혁신이 경쟁력의 밑바탕인 셈이다.

세 번째 비결은 막강한 협업능력이다. 스와로브스키의 크리스털은 액세서리는 물론 냉장고, TV와 같은 가전제품에까지 사용된다. 창립자인 다니엘은 크리스털을 대량으로 생산해 이를 소재로 사용하는 디자이너들에게 납품하는 것부터 시작했다. 단순히 크리스털만 납품하는 것이 아니라 매번 다양한 의견을 함께 제시했는데, 이것이 스와로브스키 협업의 시초가 됐다. 현재 스와로브스키는 500개가 넘는 기업과 협업관계를 유지하며 다양한 품목의 제품을 판매하고 있다.

네 번째 비결은 IT기기 영역 확장이다. 가전제품에 사용되던 스와로브스키 크리스털은 이제 USB메모리, 디지털카메라, 스마트폰 등 각종 IT제품에 널리 사용되고 있다. 최근에는 스와로브스키 크리스털로 둘러싼 아이패드가 출시되는 등 각종 고가 IT기기에 빠지지 않고 적용되고 있다.

오스트리아 와인글라스의 명가 리델
- 혁신 또 혁신

와인글라스의 세계적인 명가 리델은 오스트리아 요한 레오폴트 리델이 1756년 모차르트가 태어난 해에 창업해 현재 9대 사장 막시밀리안 리델이 경영을 맡고 있다. 2012년 매출액은 3,900억 원 정도 되고 150개 정도 종류의 크리스탈 잔을 생산하여 연간 5,000만 개 이상을 수출하고 있다.

260년 역사를 살펴보면 리델은 유리제조 명가로 스테인드 글라스를 교체하는 정밀한 세공기술을 가지고 있었는데 1756년 오스트리아와 프로이센 간 7년 전쟁이 발발하여 대부분의 건물 유리가 파손되어 유리 수요가 사업 초기에 늘어나 안정적인 기반을 마련하였다.

다음은 혁신의 시대로 '기술의 리델'을 만들었다. 2대 사장 안톤 리델은 장식유리와 샹들리에라는 새로운 영역에 도전했다. 3대 사장 르란츠 리델은 우라늄을 사용해서 유리에 형광색을 넣는 기술을 만들어 경쟁업체를 놀라게 했다.

  2차 세계대전 때 독일에 의해 공장은 압수당하고 레이더의 핵심부품인 브라운관 생산을 강요받았는데, 나중에 나치에 부역했다고 모든 공장을 몰수당했다. 7대 사장 클라우스 리델은 1957년 쿠프스타인에 있는 유리공장을 인수하였고 리델 재건을 도모하여 오늘날 와인글라스의 교과서로 불리는 리델 와인글라스가 탄생하였다.

  같은 와인이라도 먹는 잔에 따라 맛과 향기가 다르다는 것이 리델 와인글라스를 통해 알려졌다. 이것을 전파한 사람이 8대 게오르그 리델이다.

프랑스 타이어 제조회사 미쉐린
- 세계에서 가장 존경받는 기업

세계에서 가장 존경받는 기업의 자동차 부문 1위로 선정된 바 있는 프랑스의 타이어 제조회사 미쉐린은 1889년 설립된 장수기업이다. 삼성경제연구소의 〈늙지 않는 100년 기업, 미쉐린〉 보고서에 따르면, 미쉐린은 단순히 자동차 타이어만 생산한 것이 아니라, 공익사업에도 힘쓰며 기업의 인지도를 높여왔다.

1908년 여행안내소를 설치했으며, 1910년부터 프랑스 내의 도로에 번호를 할당하고 안내표지판을 세움으로써 자동차 운전자의 불편함을 해소하는 데 주력했다. 또한 복잡한 유럽 도로망은 물론 북아프리카의 도로망까지 수록된 미쉐린의 자동차 여행지도는 매우 정교하여 2차 세계대전 중 연합군 측이 이 지도를 바탕으로 작전을 전개했을 정도다.

프랑스 포도주의 명가 위겔
- 연대의식과 품질 중시

　프랑스 알자스에 있는 포도주 명가 위겔은 1639년부터 포도주를 생산했다. 17세기 초 알자스는 유명한 와인 생산지였지만 30년 전쟁 1618~1648으로 황폐화됐다. 설립자 한스 위겔은 전쟁 말기 폐허가 된 리퀴에르로 와서 포도밭을 일궜고 1639년 처음 포도주를 생산했다. 지하실에는 기네스북에도 올라 있는 8,800리터짜리 포도주통 '생 카트린느'가 아직도 사용되고 있다. 위겔 포도원에서는 가장 좋은 포도주를 만들 수 있는 6종의 포도를 재배한다. 위겔이 생산하는 포도주는 100여 개국으로 수출되는데, 위겔은 정기적으로 가족회의를 열 정도로 가족의 연대의식을 매우 중요하게 생각한다.

　프랑스의 작은 포도주 공장이 이같이 장수하며 세계적인 명성까지 얻게 된 비결은 포도주의 생산량이 줄더라도 질을 높이는 데 집중한 것에 있었다. 그렇다 보니 위겔의 포도농장에서는 농약은커녕 비료조차 써본 적이 없다. 비록 수확량은 알자스 평균 수확량의 3분의 2에 불과하지만 '귀하다'는 인상을 심어주기에 충분하다고 한다.

네덜란드 대표 맥주 하이네켄
- 남들과 다른 길을 가다

　최근 10년간 세계 맥주업계는 급격한 지각변동을 겪었다. 2004년 브라질 암베브와 벨기에 인터브루가 합병하여 시장점유율 1위인 인베브가 탄생, 2013년 세계 맥주시장 점유율 19.7%로 1위를 차지하였다. 2위 영국의 사브밀러는 9.6%로 영국의 사브가 미국의 밀러를 인수하여 만들어진 회사다. 3위는 하이네켄이다.

　네덜란드를 대표하는 맥주 '하이네켄'은 현재 5세대에 걸쳐 경영권 승계가 이뤄졌다. 2015년 기준 180억8,900만 유로약 24조 원 매출액을 기록했다. 55개국 170개 생산시설을 포함해 전 세계 약 300여 개의 자회사를 거느리고 있다.

　1863년 22세의 사업가 제랄드 하이네켄이 암스테르담의 양조장 헤이스틱을 인수하여 창업주가 되었다. 그의 고민은 차별화된 맥주를 만드는 것이었는데 결론은 '선점'이었다. 맥주제조법은 발효가 시작되는 시점에 녹진한 진한 맛과 높은 도수의 상면발효와 부드러운 맛과 낮은 도수의 하면발효로 나누어진다. 1867년 드디어 하면발효의 형식의 제라드 하이네켄 표 맥주가 탄생하였다. 1873년 자신의 이름을 따서 하이네켄 맥주회사를 설립하였다.

하이네켄은 발효 자체를 넘어서 효모에 집중하였다. 1886년 그 유명한 루이 파스퇴르의 제자 하트톡 엘리언 박사를 영입하여 A-이스트라는 효모를 만들어 지금의 쌉싸르한 맛의 하이네켄을 만들어 출시하였고 지금도 A-이스트는 하이네켄 맥주 생산에 사용된다.

손자인 알프레드 하이네켄은 할아버지의 맛과 전통에 새로운 색을 입혔다. 바로 현대적인 마케팅과 광고다. 미국에서 유학한 손자는 그동안 맥주회사에서 거의 하지 않는 광고를 위해 마케팅 부서를 만들었다. 1940년 하이네켄은 글로벌 브랜드로 성장했고, 지금의 상징색인 녹색을 정착시켰다.

1999년 알프레드 하이네켄은 '세기의 광고인'으로 선정되기도 하였다. 2014년 맥주 세계시장 1위 달성을 위하여 2위 업체인 사브밀러의 인수 제안을 거절했는데 하이네켄의 전통과 정체성을 지키고 싶다는 이유였다.

미국 화학제품 전문업체 듀폰
- 사람이 정답이다

장수기업이 되기 위해 절대 잊어서는 안 되는 요건은 바로 "직원을 소중히 생각해야 한다"는 것이다. 미국의 화학제품 전문업체 '듀폰'은 1802년 시작돼 200년 이상 존속한 기업이다. 설립자 E.I. 듀폰은 화학 기반 회사인 만큼 직원들의 안전을 최우선시했다.

1818년, 술에 취한 직원이 실수로 화학공장에 화재를 내 직원 40명이 사망하고 듀폰의 가족도 큰 부상을 입는 사고가 발생했다. 이후 그는 직원들의 가족을 위한 연금제도를 만들고 화학공장 내에 본인과 가족이 살 집을 건축해 '직원들에게 안전한 일터 제공하기'를 최고의 가치로 삼았다. 덕분에 직원과 지역 주민들의 충성심이 높아졌고, 이러한 신뢰는 새로운 고객을 불러오는 계기가 됐다.

듀폰 역시 주력사업이 끊임없이 변화했다. 1802년 걸립 당시 화약 제조업체였지만 이제는 생명공학과 식량산업을 핵심 성장 동력으로 삼고 있다. 멈춤 없는 변화는 역대 최고경영자의 입버릇이었다. 찰스 홀리데이 전 회장은 "변화를 시도하면 60~70% 확률로 살아남지만, 변화를 시도하지 않으면 100% 죽는다"고 누차 강조했다.

끊임없이 변화하면서도 성장을 멈추지 않은 것은 안전, 건강, 환경, 윤리, 인간존중 같은 핵심가치를 지켰기 때문이다. 따라서 업종을 바꿔도 축적된 지식과 기술력을 그대로 활용할 수 있었다.

미국 장의업의 산 증인 바크만
- 세계 장의업의 표준이 되다

　1769년 펜실베니아주 랭커스터에서 조그만 가구업체로 시작한 후 남북전쟁 이후 완전히 장의업체로 전환하였는데, 2019년이면 창업 250년이 되는 장수기업이다. 19세기 남북전쟁이 한창일 때 시신처리가 가장 어려운 문제로 이를 해결하기 위해 시신방부 처리가 매우 중요했다. 방부처리학원이 생기고 교과과목이 생겨났고 19세기 후반에 미네소타대학에 장의학과가 신설되었다.

　바크만의 장수비결 첫 번째는 후계자 트레이너 과정이 효율적이라는 점이다. 두 번째는 지속적인 혁신을 통해 업계의 표준을 선도해왔다는 점이다. 업계 최초로 영구차를 운영하였고 캐딜락을 사용하고 있다. 교회에서 의식만 행하고 장례 매장지로 이동하는 모델을 유지하여 미국 장례업의 표준이 되었다. 뿐만 아니라 시신 방부처리법과 망자의 얼굴 화장법 등도 바크만이 표준이 되었다. 무엇보다 기업가치에 대해 확고한 신념을 갖고 있다. 지역 사회에 대한 봉사로 가치를 정의했고 가정의 화합을 중시했다.

최고 원료의 고품질 초콜릿 허쉬
- 초콜릿의 대중화

미국 초콜릿 시장 1위를 점하고 있는 허쉬는 1894년 밀튼 허쉬에 의해 설립된 전통과 역사를 자랑하는 초콜릿 전문회사다. 허쉬바, 키세스 등 세계적인 브랜드를 가지고 있으며, 최고의 초콜릿 생산업체의 자부심을 갖고 안전하고 건강한 초콜릿을 만들기 위해 최고의 원료만을 사용하여, 고품질의 초콜릿을 만들고자 노력하고 있다.

허쉬는 '초콜릿 업계의 헨리 포드' 라고도 일컬어지는데, 포드가 자동차업계에서 그랬던 것처럼 초콜릿 제조에 대량생산 방식을 도입했기 때문이다. 당시에는 초콜릿이 소수의 부자들의 전유물처럼 여겨졌는데, 허쉬는 대량생산을 통해 초콜릿의 대중화를 이루며 초콜릿 산업의 역사에 한 획을 긋게 된다.

창립자인 밀튼 허쉬가 처음부터 초콜릿 산업에 손을 댔던 것은 아니었다. 캐러멜 공장을 경영하고 있던 밀튼 허쉬는 1893년 시카고에서 열린 만국박람회에서 초콜릿 산업의 가능성을 정확하게 꿰뚫어 보고 초콜릿으로 사업 방향을 전환했다. 공상가라는 놀림을 받기도 했던 밀튼 허쉬는 카카오 버터 대신 식물성 기름을 사용해 무더운 여름에도 잘 녹지 않는 초콜릿을 만들었고, 제2차 세계대전 동안에는 이 초콜릿을 군대에 지급할 수 있었다.

2014년 74억 달러약 8조원의 매출을 올린 굴지의 식품 기업이다. 2013년 기준 전 세계 직원 수는 1만 4,800명이다.

글로벌 자동차 브랜드 쉐보레
- 혁신적인 이미지 구축

6.9초에 1대 팔리는 글로벌 자동차 브랜드 쉐보레chevrolet는 1911년 미국 디트로이트에서 시작했다. 당시 스위스 태생의 루이스 조셉 쉐보레와 제너럴모터스GM의 설립 파트너인 윌리엄 듀런트가 만나 처음 탄생했다.

1913년부터 지금의 모양과 비슷한 엠블렘이 사용되기 시작했다. 이 엠블렘은 윌리엄 듀런트가 1908년 파리 방문 때 묵었던 호텔 방의 벽지 무늬에서 모티브를 얻었다는 일화가 있다.

쉐보레는 1979년 1억 번째 차량 생산을 이루어냈고 2007년에는 자동차의 미래라 불리는 전기자동차 볼트를 선보이며 전 세계 자동차 시장에서 혁신적인 이미지를 구축하고 있다. 현재 세단, SUV, 스포츠카, 전기차 등 다양한 라인업으로 전 세계 130개국 이상에서 팔리며 늘 새로운 디자인과 혁신적인 기술을 개발해오는 전통의 자동차 브랜드다. 2011년 글로벌 판매 476만 대를 기록하며 브랜드 출범 100년 만에 사상 최대 판매실적을 달성하기도 했다.

미국의 180년 장수기업 P&G
- 세기를 넘어선 글로벌 인재 육성

질레트, 다우니, 페브리즈, 오랄비 등을 생산하는 180년 장수기업 P&G는 직원에게 권한을 과감하게 위임하는 글로벌 인재 육성법을 활용한다.

1837년 영국 출신 양초 제조업자 윌리엄 프록터William Procter와 아일랜드 출신 비누 제조업자 제임스 갬블James Gamble이 미국 신시내티에서 회사를 합치며 탄생했다. 지금은 전 세계 180여개 국에서 총 65개 브랜드의 제품으로 소비자들의 사랑을 받고 있다.

P&G의 가장 큰 성공 비결은 철저하고 체계적인 '인재관리 시스템'이다. 이런 이유로 P&G 출신들은 헤드헌팅 시장에서도 인기가 높다. 많은 사내교육을 통해 이론을 터득하며, 실제 업무수행을 통해 실전에도 강한 인재로 양성되기 때문이다.

한국P&G에 근무하는 매니저급 직원 중 약 30%는 해외근무 경험을 가지고 있으며, 수십 명이 넘는 한국P&G 직원이 싱가포르, 일본 등 다양한 국가에서 근무하고 있다. P&G는 직원들이 글로벌 리더로 성장하는 것을 중요하게 생각하며 이를 위한 지원을 아끼지 않는다. 직원들에게는 직급이나 연령에 관계없이 본인의 능력에 따라 해외 지사에서 근무할 수 있는 기회가 주어진다. 뿐만 아니라 아시아 지역 본사, 미국 글로벌 본사 등지에서 근무하는 직원들과 매일 이메일, 전화회의, 영상회의 등을 통해 협력함으로써 자연스럽게 글로벌 업무환경에 노출된다.

졸업을 앞둔 대학생들을 대상으로 한 P&G 'CEO 챌린지' 프로그램도 적극 운영하고 있다. 이 프로그램은 실제 비즈니스 사례를 통해 전략적인 사고와 커뮤니케이션 스킬 등을 연마하는 비즈니스 전략 워크샵 및 시뮬레이션 대회다.

최근에는 아시아 내 다른 국가의 참가자들과 경쟁하는 대회로 확대되었으며, 글로벌 리더 양성을 위한 또 하나의 프로그램으로 자리매김 했다. 또한 직원들이 일과 삶의 균형을 찾고 직원 가족들의 행복을 도모하기 위한 다양한 제도를 운영하고 있다.

100년 전통의 미국 대표 기업 GE
- 미래에 대한 통찰력과 과감한 결정

　미국의 GE제너럴 일렉트릭는 발명왕 에디슨이 1878년 설립한 전기조명회사에서 비롯됐다. 이후 주력 사업 부문의 다각화를 통해 끊임없이 확장됐다. 안 되는 사업, 한물 간 사업은 과감하게 버렸다. GE는 지난해 100년 전통을 가진 백색가전부문을 스웨덴 일렉트로로룩스에 매각했다. 그 덕분에 1896년 다우존스산업지수 출범 당시 포함된 기업들 중 현재까지 유일하게 남아 있는 상장기업이 됐다.

　2000년 초반 뛰어난 실적을 냈음에도, 기존 주력 사업에서 고수익을 지속하기는 어렵다고 판단했다. 플라스틱 사업부, 가전 사업부 등 GE의 오랜 비즈니스의 수익성이 악화됐기 때문이다. GE는 신성장동력 발굴을 전략적으로 추진하기로 하고 M&A 등을 통해 새로운 사업을 개척했다. GE가 이처럼 버림의 미학을 성공적으로 실천할 수 있던 것은 잭 웰치 시절부터 원칙으로 자리 잡아온 '1등 아니면 2등'

전략이 큰 힘을 발휘했다고 볼 수 있다. 잭 웰치는 1등이나 2등이 아니면 도태시킨다는 경영철학으로 150개가 넘는 사업 분야를 12개 사업군으로 재편성하였다. 그 결과, 잭 웰치가 재임하던 20년 동안 매출이 270억 달러1981년에서 1,259억 달러2001년로 늘어났고, 주가는 40배 이상 뛰었다.

CEO로 취임한 제프리 이멜트는 내부 역량을 바탕으로 한 유기적 성장 방안을 고민했다. 미래 사업을 직접 추진할 수 있는 능력이 있다고 생각해 가전, 에너지, 엔터테인먼트 등 GE가 진출해 있는 여러 사업군의 전문가를 활용하기로 한다. 취임 후 첫 6개월 동안 GE 중앙 연구소에 1억 달러1,149억 원를 투자했고, 중국과 독일에도 새로 연구소를 만들었다. 세계 경제가 저성장기에 들어서고 있음에도 오히려 R&D 예산을 늘렸다.

이멜트는 모든 구성원이 미래 사업에 대해 고민하도록 했다. 그 일환으로 '상상력 돌파' 라는 의미의 IBImagination Breakthrough 프로세스를 만들었다. 다양한 성장 아이디어 발굴이 목적으로, 각 사업 조직 리더들로 하여금 매년 3개씩 신사업 아이디어를 내놓게 했다. 사업 전문가 20여 명으로 구성된 사업화위원회도 만들어 미래 사업을 챙겼다.

영국 경매회사 소더비
- 세계 1%의 부호를 유혹하라

　영국 경매회사 '소더비'는 뉴욕증권거래소NYSE에서 가장 오랫동안 거래된 상장기업이란 기록도 갖고 있다. 나폴레옹의 도서관부터 르누아르, 모네의 작품까지 경매사에 굵직한 기록을 남긴 작품들이 소더비의 손을 거쳤다. 영국의 조그만 가족기업으로 출발하였지만 현재는 40여 개 나라에 10개 경매소를 가진 글로벌 기업이다.

　원래는 1744년 새뮤얼 베이커라는 서적판매상이 존 스탠리라는 책 수집가가 보유하고 있던 457권의 '희귀하고 가치 있는 책'을 경매하면서부터 출발했다. 당시 책 판매대금은 2억 달러를 넘었고 베이커는 두둑한 수수료를 챙겼다. 1778년 베이커가 사망하자 그의 조카 존 소더비가 공동 소유권을 상속받았고 소더비는 설립자의 전문분야였던 책과 원고를 다루는 경매회사로 성장하였다.

　성공 요인으로 첫 번째는 경매회사 구성원과의 끈끈한 관계다. 영국, 유럽, 미국 등에서 구매자와 판매자 커뮤니티를 만드는 일이 경매회사가 성공하기 위한 필수조건이었다. 특히, 고가의 미술품과 골동품을 판매하기 위해 전 세계 1% 부호 관리 및 유지가 절대적으로 필요하다. 소더비가 제공하는 지식과 정보는 일반매체에서 볼 수 없는 고급정보로 업계에서는 정평이 나있다.

두 번째, 소더비는 물건을 꼼꼼하게 챙긴다. 이러한 명성을 유지하기 위해서 런던에 소더비 아트 인스트튜트 설립하고 지난 40년 동안 전문지식을 습득한 5,000명의 인재를 육성하였다.

세 번째는 트렌드를 읽는 안목이다. 부자가 된 사람은 귀족이 되고 싶은 심리를 정확하게 읽어주는 기업이다. 19세기 산업혁명을 부를 쌓은 사람들이 귀한 도서와 채색된 원고를 과시하던 시기였다. 1980년대 달러를 벌어들인 일본 기업과 부호들이 세계 미술품을 사는 심리를 정확하게 파악하였고 안내자 역할을 하였다. 2000년대 초반에 러시아 부호들의 심리를 파악하여 러시아 사무소를 개설하였다. 2013년 중국 부호들을 경매시장으로 끌어들여 베이징에 사무실을 개설하였다.

영국 섬유산업을 대표한
존 브루크 앤 선즈
- 영국에서 가장 오래된 가족기업

1541년에 존 브루크가 창업한 영국의 요크서의 가장 오래된 가족기업으로, 호황기 영국 섬유산업을 대표하며 왕실의 지원과 인정을 받아왔다. 철도회사를 창업하고 사업 확장을 하며 요크서스 허더스필드현 HSBC 전신 은행도 만든다.

20세기 들어 산업 내부 구조적인 변화로 절명의 위기에 직면했다. 1930년대 대공황 시기 동안 섬유산업 자체가 굉장히 크게 쇠퇴했는데, 나일론 인조섬유의 등장으로 모직물 수요가 급감했기 때문이다.

당시 마크 브루크는 결단을 내리는데, 자신의 아버지 에드워크 브루크는 다가오는 변화를 보지 못하였다고 하였다. 수세기 쌓아 올린 모직업의 명성을 포기하고 공장건물을 비즈니스 단지로 전환하는데 모든 역량을 집중한다.

존 브루크 앤 선즈의 성공 비결은 첫째, 모험을 즐긴 것, 둘째, 혁신의 과감한 수용이었다. 18세기 뉴컴이 개발한 최초의 증기기관을 과감히 수용해 혁명을 촉진시켰다. 셋째, 글로벌 안목이다.

현 CEO는 골든트라이앵글, 실리콘벨리, 보스턴 128등지 등을 면밀히 관찰, 옥스퍼드와 케임브리지 등을 말 그대로 벤치마킹했다. 자신이 가진 것을 홀연히 버리는 과감한 결단이 장수기업으로의 생존을 가능케 했다.

최초의 가정용 청소기를 만든 일렉트로룩스
- 최초 그리고 혁신

　최초의 가정용 청소기를 개발한 일렉트로룩스Electolux는 스웨덴 가전기업이다. 1910년대에도 진공청소기는 존재했다. 다만, 너무 큰 부피와 무게 때문에 산업용으로만 사용되었다는 사실을 제외한 다면. 일렉트로룩스의 창업자 악셀 베네그렌Axel Wenner-Gren은 1912년, 가정에서도 사용할 수 있는 이동 가능한 진공청소기 룩스1Lux1을 세계 최초로 개발하여 가사 노동에 얽매여 있던 여성들에게 자유를 선사했다.

　이외에도 바퀴 달린 진공청소기의 전신인 모델VModel V와 세계 최초의 로봇청소기 트릴로바이트Trilobite 역시 일렉트로룩스의 제품이다. 현재 유럽시장 내 최대 규모의 가전 그룹으로 자리잡고 있으며 전 세계 150여 개국 시장에 진출, 한국시장에는 2002년에 공식 출범했다. 2013년에는 최첨단 기술이 집약된 무선청소기 라인을 새롭게 선보였다.

일렉트로룩스 관계자는 "일렉트로룩스는 세계 최초 가정용 진공청소기를 출시한 이후에도 끊임없는 기술과 디자인 개발을 통해 100년이 넘는 시간 동안 업계의 선두를 지켜왔다"며 "브랜드만의 고유한 철학을 지키면서도 지속적인 혁신을 선보이기 위해서는 무엇보다 소비자 위주의 사려 깊은 제품 개발이 필요하다.

이것이 역사와 전통이 있는 글로벌 브랜드의 장수비결이라고 할 수 있을 것"이라고 설명했다.

대만의 100년 장수기업 타텅 그룹
- 지속적인 혁신과 사회적 책임

　'창업 천국'으로 불리는 대만엔 장수 강소기업이 많다. 기업도 영속하기 위해 노력하지만 정부도 지속 성장을 위해 창업 육성과 함께 기업 성장을 돕는 게 중요하다는 것을 잘 안다. 대만 장수기업의 공통점으로 '지속적인 혁신'을 꼽을 수 있다.

　1918년 설립된 타텅 그룹 린치아틴 최고전략책임가CSO는 '아메바'처럼 회사도 지속적으로 변화했다"고 강조했다. 이것을 회사의 문화로 정착시키고 전 직원이 혁신에 동참하도록 독려했다고 전했다.

　이들은 기업의 사회적 책임을 강조했다. 지속경영 기업일수록 그 책임을 다해야 하고 그렇지 않으면 어렵게 쌓은 명성을 한순간에 날릴 수 있다는 설명이다. 타텅 그룹은 환경·예술·교육·체육 4개 분야 기금을 조성해 사회에 기여한다. 니협리 이사는 "좋은 일을 하

는 것이 꼭 보답을 받기 위한 것은 아니다"며 "다만 고객이 우리의
좋은 모습을 보니 우리를 더 인정한다"고 말했다.

　성공해도 검소함을 잊지 말아야 한다는 점도 꼽았다. 린치틴 타텅
그룹 CSO는 "많은 사람이 1원 동전을 보면 줍지 않는데 우리 회사는
1원이라도 아껴야 성공할 수 있다는 점을 직원에게 강조한다"며 "그
런 정신은 회사가 지속 성장하는 데 매우 중요하다"고 역설했다.

신용과 정직의 기업 유한양행
- 기본에 충실한 올곧은 경영철학

1926년 설립된 유한양행은 79년의 역사를 자랑한다. 창립자인 고 유일한 박사는 올곧은 경영철학으로 유명했다. 유한양행은 1937년 국내 최초로 종업원 지주제를 도입했으며, 1998년에는 국내 상장회사로는 처음으로 전 직원에게 스톡옵션을 제공해 직원들과 회사의 이익을 나누었다.

1960년대 초 자유당 정권이 요구하는 정치자금을 거절해 한 달 동안 강도 높은 세무조사를 받았으나 세무당국은 탈세 혐의를 밝혀낼 수 없었다. 오히려 이에 감탄한 박정희 대통령이 세금의 날 기념식에서 유일한 박사에게 동탑산업훈장을 수여했을 정도다.

유일한 박사는 1971년 타개할 때도 회사의 운영을 전문 경영인에게 맡겼다. 또한 자신의 전 재산을 공익법인에 기증해 기업인들의 귀감이 되기도 했다. 유일한 박사의 어록 중 기업의 생명을 언급한 글을 소개한다.

"기업 활동의 제1목표는 이윤 추구다. 그러나 그것은 성실한 기업 활동의 대가로 얻어야 하는 것이다. 기업의 생명은 신용이다. 정직, 이것이 유한의 영원한 전통이 되어야 한다."

현존하는 한국 최장수 기업 동화약품
- 우리나라 첫 양약 '활명수'로 명성

동화약품은 개화의 물결이 거세게 밀려오기 시작하던 1897년 현 상호의 전신인 동화약방同和藥房으로 출발했다. 당시 궁중에서만 복용되던 생약 비방을 일반 백성에게까지 널리 보급하고자 궁중 비방에 서양의약의 장점만을 살려 개발한 우리나라 최초의 양약이자 신약인 '활명수'를 생산하면서 그 역사가 시작된다.

'동화同和' 상호의 뜻은 '민족이 합심하면 잘살 수 있다'는 민족 화합의 정신이 담겨 있다. 동화약품이 접는 부채를 상표로 선택한 것은 깊은 뜻이 있다. 부채는 많은 부챗살이 한데 결속되어 있어 일심동체를 나타내므로 "합심하면 잘살 수 있다"는 상호인 동화의 뜻과도 합치한다.

동화약품은 1909년 일본 제국주의 경제침탈에 맞서 통감부에 '부채표' 및 '활명수' 등을 상표 등록한 후 1931년 '주식회사 동화약방'으로 법인화하였고, 본격적인 제약 업소로서의 면모를 갖추었다. 특히 보당 윤창식尹昶植 선생이 동화약품 제5대 사장으로 취임하면서 가내 수공업 생산 체제를 벗어나 현대적인 대량생산 체제를 갖추면서 '활명수'는 본격적인 황금시대를 맞아 선금을 예치하고도 제품을 구입하기가 힘들 정도로 공급 부족 사태를 빚기도 했다.

1937년 만주국에 처음으로 해외 상표 등록을 했고, 1938년 만주국 안동시에 지점을 설치했다. 이후 '활명수'는 비약적인 성장을 하게 된다.

동화약품은 국가 존립 자체가 위태롭던 일제강점기에 '국가가 있어야 기업이 존재할 수 있다'는 점을 일찌감치 깨닫고 국가의 자주독립에 힘썼던 기업이다. 시류에 영합하지 않고 수많은 경영의 부침에도 불구하고 투철한 민족정신을 가지고 기업을 운영해왔다. 창업주를 비롯한 역대 사장 3명이 독립운동가였다는 사실과 회사 내에 상하이임시정부와의 비밀연락기관이 존재했고 독립자금을 지원한 점 등이 이를 증명해준다.

동화약품은 1897년에 창업된 현존하는 국내 최장수 기업으로, 기네스북에도 국내 최초의 제약회사 및 제조회사, 최초의 등록상표 '부채표', 최초의 등록상품 '활명수' 등 4개 부문에 등재되어 있다.

대한민국 장수기업에서 찾은 경영과 마케팅의 진검승부

200년 이상 운영해온 '장수 가족기업'을 직접 찾아가 소개한《세계적 장수기업 세기를 뛰어넘은 성공》의 저자 윌리엄 오하라는 장수기업의 성공 비결을 11가지로 정리했다. 가족의 단합, 인간의 기본적 수요를 충족하는 제품개발, 여성의 중요한 역할, 물려받은 유산 수호, 가족보다 사업 우선, 지역사회 봉사와 고객서비스 의무, 갈등관리 능력 등이다.

좀 더 경영학적으로 이야기하면 외부환경에 대한 기업의 적응력이 높고, 일체감이 강하며, 의사결정의 수평화, 기발한 아이디어, 보수적 재무관리로 요약된다. 책에서 가족기업의 장점, 중요성 등을 강조하는 저자는 "굴하지 않는 용기, 기업가적 열정도 사업을 번창시켰다"고 말한다.

가족기업이라고 하면 우리나라에서는 재벌가의 부정적 이미지가 떠오른다. 그러나 필자가 이 책에서 언급한 장수기업 빵집은 대부분 가족기업이다. 이들에게는 남다른 컨셉이 있다. 마케팅에서도 컨셉이 있는 상품이 장기적으로 생존하는 불문율이 있다. 컨셉이란 소비자에게 다른 제품이 아닌 바로 이 제품을 사야 하는 이유와 명분을 제시하는 것과 같다. 열위한 제품은 우월한 제품을 이길 수 있지만 컨셉이 없거나 열위한 컨셉은 결코 우월한 컨셉을 이길 수 없다.

잘 알려진 장수기업들은 대부분 우월한 컨셉을 가지고 있다. 100년 이상 글로벌 산업계를 호령하고 있는 GE, 지멘스, 듀폰 등의 성공 스토리에 비해 우리나라에서는 100년을 이어가는 장수기업이 매우 적다. 짐 콜린스는 《위대한 기업은 다 어디로 갔을까?》라는 책을 통해 성공과 실패로 나눠지는 결정적 갈림길의 힘든 시기에 높은 성과를 내야 하고, 경기가 좋을 때 자제하는 인내가 필요하며, 이에 따른 불편도 감내해야 한다고 말했다. 끊임없는 혁신과 도전, 위기에 대비하는 능력은 그들에겐 남다른 DNA로 내재되었다.

장수기업의 DNA가 고스란히 남아 있는 대한민국 장수가게 빵집의 서비스는 한마디로 정리하면 '자리이타 自利利他' 의 정신이다. "하늘은 스스로 돕는 자를 돕는다" 가 아니라 "하늘은 남을 돕는 자를 돕는다"라고 할 수 있다.

존경받는 기업, 사랑받는 기업은 먼저 고객을 이롭게 하고 더 편리하게 해야 한다. 이런 말이 딱 어울리는 가게가 장수가게 빵집들이다. 서울에서 가장 오래된 빵집 태극당, 부산에서 가장 오래된 빵집 백구당, 순천에서 가장 오래된 빵집 화월당 그리고 대한민국에서 가장 오래된 빵집 이성당 등은 이 시대의 진정한 장수기업들이다.

대형 프랜차이즈도 아닌 지방의 빵집에서 사람들은 빵을 산다. 이들 장수 빵집들은 기다림도 즐거움으로 만드는 매력을 가지고 있다. 게다가 시장에서 성공하기 위해서는 대규모 기업이어야 한다는 고정관념과 특정 고객층만이 선호해야 된다는 것에 벗어나, 연령과 나이를 초월한 충성도가 높은 고객 수요로 인하여 마케팅 이론이 무색할 정도로 대한민국을 흔들고 있다.

기존의 장수기업 연구에서 나타난 성공 트렌드와 핵심 요소들이 이 책에서 소개한 장수기업들에도 이미 고스란히 내재화되었다. 마케팅에서 중요한 요소들이 실천되고 구체화되고 있다. 성공 브랜드와 상품이 되기 위해서 감성 마케팅이 중요한데, 그 핵심은 바로 100년에 걸쳐 만들어진 스토리가 하나의 문화로 자리 잡은 데 있다. 이들 장수가게들은 스토리 마케팅과 복고 마케팅, 그리고 입소문 마케팅의 절묘한 조화를 이룬 기업들이다.

단팥빵이나 야채빵은 단지 빵이 아니라 문화를 경험한 것과 똑같다. 매일 시간대별로 만들어지는 빵은 문화를 만드는 것과 동일한 과정을 거쳐 세상 사람들과 소통한다. 빵을 구입하는 것은 또 다른 즐거움이었다.

요즘 같이 하루에도 문을 닫고 창업하는 가게가 셀 수 없는 시대에는 단지 물건을 파는 가게로는 더 이상 시장에서 승부를 걸기는 어렵다. 소비자들이 충분히 공감하는 제품으로 소비자의 감성의 한 표를 얻어야만 가능하다.

이 책에서 살펴본 바와 같이 장수가게가 되는 비결은 세 가지 정도로 정리해 볼 수 있다.

첫 번째, 혼신의 힘을 다해 최고의 제품을 만든다는 투철한 '장인정신'
두 번째, 차별화된 기술력을 선보이는 '한우물 파기'
세 번째, 지속 가능한 성장의 발판이 되는 '정직과 신의'

단지 장사가 잘되는 빵가게로만 설명하기에는 너무 부족하다. 그들이 가지고 있는 경영철학과 장인들이 보여준 열정 그리고 빵을 만들기 위해 지켜온 원칙들은 사회생활을 시작한 신입사원부터 장사에 대해 고민하는 자영업자와 미래의 창업자들, 심지어 굴지의 대기업까지 새로운 동력과 희망의 메시지를 줄 것이다.

앞으로 국내에서도 수익 창출에 기여하며 존경받는 장수기업들이 더 많이 나오길 기대해본다.

| 참고문헌 |

고정식(2015), "박승직상점의 창업과 두산그룹의 성장 요인으로서 박승직의 경영이념", 『경영사학』, 30(1): 35-54.

김용범·이기창(2005), 『한국 최고의 가게』, 서울: 창해.

김선화(2017), 『가업승계, 명문 장수기업의 성공 전략』, 파주: 쌤앤파커스.

김종영·윤재한(2018), 『장수기업으로 가는 길』, 서울: 북넷.

김태훈(2016), 『성심당: 우리가 사랑한 빵집』, 통영: 남해의 봄날.

대니 밀러·이사벨 르 브르통 밀러, 김현정 옮김(2009), 『가족기업이 장수기업을 만든다: 초우량 기업을 만드는 경영의 비밀』, 서울: 황금가지.

남영호·박근서(2008), 『가족기업론』, 서울: 청목출판사.

방규식·김택균·이용훈(2005), 『대한민국 장수기업의 조건』, 서울: 해토.

백유성·허현(2011), "장수기업 사례 연구: 영주 지역 기업을 중심으로", 『한국인사관리학회발표논문집』.

스에마쓰 지하로/우경봉 옮김(2008), 『교토식 경영』, 서울: 아라크네.

스티븐 코비/김경섭 옮김(2005), 『성공한 사람들의 8번째 습관』, 파주: 김영사.

손동원(2007), 『기업 생로병사의 비밀』, 서울: 삼성경제연구소.

신유근(2007), 『장수기업 사례 연구, 삼양사 기업경영사 연구』, 서울: 서울대학교출판부.

오세미나(2016), 『근대의 맛과 공간의 탄생』, 전주: 민속원.

우노다카시/김문정 옮김(2012), 『장사의 신』, 파주: 쌤앤파커스.

임외식(2015), "세계 최장수기업의 사업승계 전략과 장수 요인에 대한 탐색적 사례연구", 『기업경영연구』, 64.

윌리엄 오하라/주덕영 옮김(2007), 『세계 장수기업, 세기를 뛰어넘은 성공』, 서울: 예지.

짐 콜린스/이무열 옮김(2002), 『좋은 기업을 넘어. 위대한 기업으로』, 파주: 김영사.

짐 콜린스·제리 포라스/워튼 포럼 옮김(1996), 『성공한 기업들의 8가지 습관』, 파주: 김영사.

정두식(2010), "장수 중소기업의 성공 요인에 관한 실증적 연구: 창원 지역 장수 중소기업을 대상으로", 『산업경제연구』, 23(5).

중소기업협동조합중앙회(2004), 『우리나라 장수 중소기업의 현황: 장수 중소기업의 실태 조사』, 서울: 중소기업협동조합중앙회.

한국경제연구원(2010), 『한국기업의 생존보고서』, 서울: 한국경제연구원.

한국은행(2008), 『일본기업의 장수 요인 및 시사점』, 서울: 한은조사 연구.

함한희·오세미나(2013), 『빵의 백년사(군산의 이즈모야)』, 전주: 전북대학교무형문화연구소.

홍하상(2016), 『일본의 상도』, 서울: 창해.

홍하상(2016), 『어떻게 지속성장할 것인가』, 서울: 클라우드나인.

헤르만 지몬/이미옥 옮김(2008), 『세계시장을 제패한 숨은 1등 기업의 비밀』, 서울: 흐름출판.

최승일·전외술(2010), "글로벌시대의 장수기업 성공 요인 및 육성 방안에 관한 연구", 『한국창업학회지』, 5(4).

백년기업 성장의 비결

초판 1쇄 인쇄 2019년 01월 07일
1쇄 발행 2019년 01월 15일

지은이 문승렬·장제훈
발행인 이용길
발행처 **모아북스**
MOABOOKS

관리 양성인
디자인 이룸

출판등록번호 제 10-1857호
등록일자 1999. 11. 15
등록된 곳 경기도 고양시 일산동구 호수로(백석동) 358-25 동문타워 2차 519호
대표 전화 0505-627-9784
팩스 031-902-5236
홈페이지 www.moabooks.com
이메일 moabooks@hanmail.net
ISBN 979-11-5849-089-8   03320

이 도서의 국립중앙도서관 출판예정도서목록(CIP)은 서지정보유통지원시스템 홈페이지
(http://seoji.nl.go.kr)와 국가자료공동목록시스템(http://www.nl.go.kr/kolisnet)에서
이용하실 수 있습니다. (CIP제어번호 : CIP2019000404)

모아북스 는 독자 여러분의 다양한 원고를 기다리고 있습니다.
(보내실 곳 : moabooks@hanmail.net)